ISO 9001
품질경영시스템
구축 실무 GUIDE

저자 송형록 · 김상일

도서출판
정일

머리말

1. 누구에게 필요한가?

1) 중소기업 ISO 경영시스템 담당자
2) 중소기업 ISO 경영시스템 컨설턴트
3) ISO 경영시스템 심사원
4) ISO 경영시스템을 도입하고자 하는 중소기업

2. 어떤 것을 알려 주는가?

1) ISO 경영시스템을 도입하고자 하는 담당자가 무엇을 준비해야 하는지 알려 준다.
2) ISO 경영시스템에 대한 컨설팅을 하는 컨설턴트가 컨설팅 할 내용을 알려준다.
3) ISO 활동 심사원이 규격의 조항별로 무엇을 평가해야 하는지 알려 준다.
4) ISO 경영시스템 인증을 하는 획득하고자 하는 중소기업이 인증을 획득하기 위한 준비 내용을 알려 준다.

3. 책의 구성은 어떻게 되어 있나?

1) ISO 품질경영시스템의 각 조항별 요구사항 해설
2) ISO 품질경영시스템 매뉴얼
3) ISO 품질경영시스템 절차서
4) ISO 품질경영시스템 관련 문서 양식
5) ISO 인증 프로세스

4. 특징

1) 조항별 요구사항 취지의 간결한 설명으로 ISO 경영시스템의 쉬운 접근
2) 조항별 주요 체크 포인트 제공으로 자체 검증 가능
3) 조항별 증빙자료 제시
4) 실무에 바로 사용할 수 있는 매뉴얼, 절차서, 문서 양식 제공

 · 품질경영시스템 매뉴얼
 · 품질경영시스템 절차서
 · 품질경영시스템 관련 문서 양식

이 책이 산업현장에서 ISO 실무를 담당하는 분, ISO 컨설팅을 하는 컨설턴트, ISO 인증 심사원에게 작은 디딤돌이 되었으면 하는 바람입니다, 부족한 부분은 계속 수정하고 보완할 것을 약속합니다. 끝으로 이 책이 나오기까지 물심양면으로 성원해 주신 여러 위원님 및 동료 분들께 감사드리며, 보다 좋은 책이 되도록 지원해 주신 도서출판 정일 임직원께 감사를 드립니다.

차례

제1장

품질경영 시스템 요구사항 해설

(KS Q ISO 9001:2015)

0. 개요

이 표준은 2015년 제5판으로 발행된 ISO 9001, Quality management systems - Requirements를 기초로, 기술적 내용 및 대응 국제표준의 구성을 변경하지 않고 작성한 한국산업표준이다.

0.1 일반사항

품질경영시스템의 도입은 조직의 전체적인 성과를 개선하고, 지속 가능한 발전 계획 (initiative)을 위한 견실한 기반을 제공하는 데 도움이 될 수 있는 전략적 의사결정이다.

이 표준을 기반으로 한 품질경영시스템의 실행이 조직에 미치는 잠재적 이점은 다음과 같다.

a) 고객 요구사항 그리고 적용되는 법적 및 규제적 요구사항에 적합한 제품 및 서비스를 일관되게 제공할 수 있음
b) 고객만족을 증진하기 위한 기회를 촉진함
c) 조직의 상황 및 목표와 연관된 리스크와 기회를 다룸

d) 규정된 품질경영시스템 요구사항에 적합함을 실증할 수 있음

이 표준은 내부 및 외부 당사자에 의해 활용될 수 있다.
이 표준은 다음과 같은 필요성(need)을 나타내려고 의도된 것은 아니다.

- 상이한 품질경영시스템의 구조 통일화
- 이 표준의 조항 구조에 따른 문서화의 정렬
- 조직 내에서 이 표준의 특정 용어 사용

이 표준에서 규정된 품질경영시스템 요구사항은 제품 및 서비스에 대한 요구사항과 상호 보완적이다.

이 표준은 계획·실행·검토·조치(PDCA) 사이클과 리스크 기반 사고가 포함된 프로세스 접근법을 활용한다. 프로세스 접근법을 통하여 조직은 프로세스들과 그 상호 작용을 계획할 수 있다. PDCA 사이클을 통하여 조직은 프로세스에 충분한 자원이 제공되어 관리되는 것과, 개선 기회가 파악되어 조치되는 것을 보장할 수 있다.

리스크 기반 사고를 통하여 조직은 프로세스와 품질경영시스템이 계획된 결과로부터 벗어나게 하는 요인을 정할 수 있고, 부정적인 영향을 최소화하는 예방관리를 시행할 수 있으며, 기회가 있으면 기회를 최대한 활용할 수 있다.

요구사항을 일관되게 충족시키고, 미래의 니즈와 기대를 다루는 일은, 점점 더 역동적이고 복잡한 환경에서 조직에게 도전이 된다. 이 목표를 달성하기 위하여, 조직은 시정과 지속적 개선에 추가하여 획기적인 변화, 혁신 및 조직 개편과 같이 다양한 형태의 개선을 채택하는 것이 필요하다는 것을 알게 될 것이다.

이 표준에서 다음과 같은 조동사 형태가 사용된다.

- "하여야 한다(shall)"는 요구사항을 의미한다.
- "하는 것이 좋다/하여야 할 것이다(should)"는 권고사항을 의미한다.
- "해도 된다(may)"는 허용을 의미한다.
- "할 수 있다(can)"는 가능성 또는 능력을 의미한다.

"비고"로 표기된 정보는 관련된 요구사항을 이해하거나 명확히 하기 위한 가이던스(guidance)다.

0.2 품질경영원칙

이 표준은 ISO 9000에 기술된 품질경영원칙을 기반으로 한다. 기술 내용에는 각 원칙의 설명, 품질경영원칙이 조직에 왜 중요한가에 대한 논리적 근거, 품질경영원칙에 연관된 이점의 몇 가지 사례 그리고 품질경영원칙을 적용할 때에 조직의 성과를 개선하기 위한 대표적 활동의 사례가 포함된다.

품질경영원칙은 다음과 같다.

- 고객중시
- 인원의 적극참여
- 개선
- 관계관리/관계경영
- 리더십
- 프로세스 접근법
- 증거기반 의사결정

0.3 프로세스 접근법

0.3.1 일반사항

이 표준은 고객 요구사항을 충족함으로써 고객만족을 증진시키기 위하여, 품질경영시스템의 효과성을 개발, 실행 및 개선시키고자 할 때 프로세스 접근법의 채택을 권장한다. 프로세스 접근법의 채택에 필수적으로 고려되어야 할 특정 요구사항은 4.4에 포함되어 있다.

상호 관련된 프로세스를 하나의 시스템으로 이해하고 관리하는 것은, 조직이 의도한 결과를 달성하는 데 있어서 조직의 효과성과 효율성에 기여한다. 이 접근법을 통하여, 조직은 시스템의 프로세스 간 상호 관련성과 상호 의존성을 관리할 수 있으므로, 조직의 전반적인 성과가 증진될 수 있다.

조직의 품질방침과 전략적 방향에 따라 의도한 결과를 달성하기 위하여, 프로세스 접근법에는 프로세스의 체계적인 정의와 관리 그리고 프로세스의 상호 작용이 포함된다. 프로세스와 전체적인 시스템의 관리는, 기회의 이점 활용과 바람직하지 않은 결과의 예방을 목표로 하는 리스크 기반 사고에 전반적인 중점을 두고, PDCA 사이클을 활용함으로써 달성될 수 있다.

품질경영시스템에서 프로세스 접근법을 적용하면, 다음 사항이 가능하다.

a) 요구사항 충족의 이해와 일관성
b) 가치부가 측면에서 프로세스의 고려
c) 효과적인 프로세스 성과의 달성
d) 데이터와 정보의 평가에 기반을 둔 프로세스의 개선

그림 1은 모든 프로세스의 도식적 표현이며, 프로세스 요소의 상호 작용을 보여준다. 관리(control)를 위해 필요한 모니터링과 측정의 점검 항목은 각 프로세스에 따라 독특하고, 관련된 리스크에 따라 달라질 것이다.

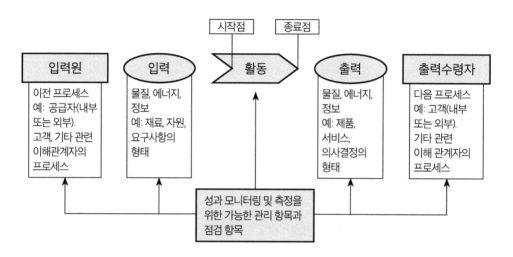

[그림 1] 단일 프로세스의 요소에 대한 도식적 표현

0.3.2 계획-실행-검토-조치 사이클

PDCA(Plan-Do-Check-Act) 사이클은 모든 프로세스와 품질경영시스템 전체에 적용될 수 있다. 그림 2는 4절에서 10절까지가 PDCA 사이클과 관련하여 어떻게 그룹을 이룰 수 있는지를 보여준다.

비고 　 괄호 안의 숫자는 이 표준의 각 절을 의미한다.

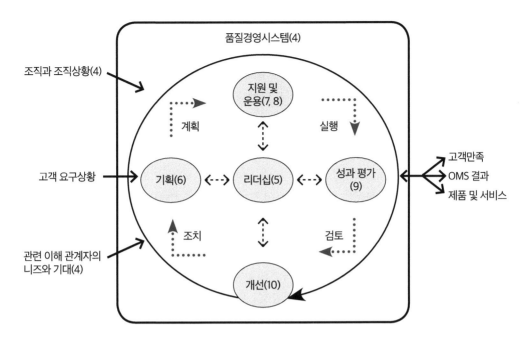

[그림 2] PDCA 사이클에서 이 표준의 구조 표현

PDCA 사이클은 개략적으로 다음과 같이 기술될 수 있다.

- 계획(Plan) : 시스템과 프로세스의 목표 수립 그리고 고객 요구사항과 조직의 방침에 따른 결과를 인도하기 위하여 그리고 리스크와 기회를 식별하고 다루기 위하여 필요한 자원의 수립
- 실행(Do) : 계획된 것의 실행
- 검토(Check) : 방침, 목표, 요구사항 및 계획된 활동에 대비하여, 프로세스와 그 결과로 나타나는 제품 및 서비스에 대한 모니터링과 측정(해당되는 경우) 그리고 그 결과의 보고
- 조치(Act) : 필요에 따라 성과를 개선하기 위한 활동

0.3.3 리스크 기반 사고

리스크 기반 사고는 효과적인 품질경영시스템을 달성하기 위하여 필수적이다. 리스크 기반 사고의 개념은 이 표준의 이전 판에 내포되어 있다. 예를 들면, 잠재적 부적합을 제거하기 위한 예방조치의 수행, 발생하는 모든 부적합의 분석 그리고 부적합의 영향에 적절한 재발방지 조치를 포함한다.

이 표준의 요구사항에 적합하도록, 조직은 리스크와 기회를 다루기 위한 조치를 계획하고 실행할 필요가 있다. 리스크와 기회 모두를 다루는 것은, 품질경영시스템의 효과성 증진, 개선된 결과 달성 및 부정적 영향 예방을 위한 기반을 확립하는 것이다.

기회는 의도한 결과를 달성하기에 유리한 상황(situation)의 결과로 나타날 수 있는데, 예를 들면, 조직이 고객을 유치하고, 새로운 제품 및 서비스를 개발하며, 낭비를 감소시키거나 생산성을 개선하도록 하는 상황(circumstance)의 집합이다. 기회를 다루기 위한 조치에는 연관된 리스크의 고려도 포함될 수 있다. 리스크는 불확실성의 영향이며, 그러한 모든 불확실성은 긍정적 또는 부정적 영향을 가져올 수 있다. 리스크로부터 발생되는 긍정적인 변경(deviation)은 기회를 제공할 수 있으나, 리스크의 모든 긍정적인 영향이 기회로 되는 것은 아니다.

0.4 다른 경영시스템 표준과의 관계

이 표준은 경영시스템을 위한 표준 간의 정렬을 개선하기 위하여 ISO에서 개발된 틀을 적용한다.

이 표준을 통하여 조직은 PDCA 사이클과 리스크 기반 사고에 연계된 프로세스 접근법을 사용할 수 있고, 조직의 경영시스템을 기타 경영시스템 표준의 요구사항과 정렬하거나 통합할 수 있다.

이 표준은 KS Q ISO 9000과 KS Q ISO 9004에 다음과 같이 관련된다.

- KS Q ISO 9000(품질경영시스템 : 기본사항과 용어)은 이 표준의 올바른 이해와 실행을 위한 필수적인 배경을 제공한다.
- KS Q ISO 9004(조직의 지속적인 성공을 위한 경영 : 품질경영 접근법)는 이 표준의 요구사항을 넘어서는 발전을 선택한 조직을 위한 가이던스를 제공한다.

이 표준에는 환경경영, 안전보건경영 또는 재무경영과 같은 기타 경영시스템의 특정 요구사항이 포함되지 않는다.

이 표준의 요구사항을 기반으로 하는 특정부문(sector-specific)의 품질경영시스템 표준이 여러 부문을 위하여 개발되어 왔다. 이중 몇몇 표준은 추가적인 품질경영시스템 요구사항을 규정하는 반면, 나머지 표준은 특별한 부문 내에서 이 표준의 적용에 대한 가이던스를 제공하는 것으로 한정된다.

1. 적용 범위

이 표준은 다음과 같은 경우, 조직의 품질경영시스템에 대한 요구사항을 규정한다.

a) 조직이 고객 요구사항과 적용되는 법적 및 규제적 요구사항을 충족하는 제품 및 서비스를 일관성 있게 제공하는 능력을 실증할 니즈가 있는 경우
b) 조직이 시스템 개선을 위한 프로세스를, 그리고 고객 요구사항과 적용되는 법적 및 규제적 요구사항에 적합함을 보증하기 위한 프로세스를 포함하는, 시스템의 효과적인 적용을 통하여 고객만족을 증진시키고자 하는 경우

이 표준의 모든 요구사항은 일반적이며, 조직의 형태, 규모 또는 제공되는 제품 및 서비스에 관계없이 모든 조직에 적용될 수 있다.

비고 1   이 표준에서 "제품" 또는 "서비스"라는 용어는 고객을 위해 의도되거나, 고객에 의해 요구된 제품 및 서비스에만 적용된다.

비고 2   법적 및 규제적 요구사항은 법률적(legal) 요구사항으로도 표현될 수 있다.

2. 인용 표준

다음의 인용표준은 전체 또는 부분적으로 이 표준의 적용을 위해 필수적이다. 발행연도가 표기된 인용표준은 인용된 판만을 적용한다. 발행연도가 표기되지 않은 인용표준은 최신판(모든 추록을 포함)을 적용한다.

3. 용어와 정의

이 표준의 목적을 위하여 KS Q ISO 9000:2015에 제시된 용어와 정의를 적용한다.

3.1 사람 관련 용어

3.1.1 최고경영자/최고경영진(top management)

최고 계층에서 조직을 지휘하고 관리하는 사람 또는 그룹

- 비고1   최고경영자는 조직 내에서 권한을 위임하고 자원을 제공하는 힘을 가진다.
- 비고2   경영시스템의 적용 범위가 단지 조직의 일부만을 포함하는 경우, 조직의 그 일부분을 지휘하고 관리하는 사람들을 최고경영자로 부를 수 있다.
- 비고3   이 용어와 정의는 ISO/IEC Directives 제1부의 통합 ISO 보충판의 부속서 SL에 제시된 ISO 경영시스템 표준을 위한 공통 용어와 핵심 정의 중의 하나이다.

3.1.2 품질경영시스템 컨설턴트(quality management system consultant)

자문 또는 정보 제공으로 품질경영시스템 실현에 대해 조직을 지원하는 사람

> **비고1** 품질경영시스템 컨설턴트는 품질경영시스템의 일부를 실현하는 데에도 지원할 수 있다.
>
> **비고2** KS Q ISO 10019:2011는 역량이 없는 품질경영시스템 컨설턴트와 역량 있는 컨설턴트를 어떻게 구분하는지에 대한 지침을 제공해 준다.

3.2 조직 관련 용어

3.2.1 조직(organization)

조직의 목표 달성에 대한 책임, 권한 및 관계가 있는 자체의 기능을 가진 사람 또는 사람의 집단

> **비고1** 조직의 개념은 다음을 포함하나 이에 국한되지 않는다. 개인사업자, 회사, 법인, 상사, 기업, 당국, 파트너십, 협회, 자선단체 또는 기구 혹은 이들이 통합이든 아니든 공적이든 사적이든 이들의 일부 또는 조합
>
> **비고2** 이 용어와 정의는 ISO/IEC Directives 제1부의 통합 ISO 보충판의 부속서 SL에 제시된 ISO 경영시스템 표준을 위한 공통 용어와 핵심 정의 중의 하나이다.

3.2.2 조직상황(context of the organization)

조직의 목표 달성과 개발에 대한 조직의 접근법에 영향을 줄 수 있는 내부 및 외부 이슈의 조합

> **비고1** 조직의 목표는 조직의 제품과 서비스, 투자, 그리고 조직의 이해관계자를 향한 행동양식과 관련이 있을 수 있다.
>
> **비고2** 조직상황에 관한 개념은 이익 추구를 위한 것이므로, 비영리 또는 공공 서비스 조직

과 동일하게 적용 가능하다.

비고 3 영어에서 이 개념은 종종 "사업환경", "조직환경" 또는 "조직의 에코시스템"과 같은 다른 용어로 언급되기도 한다.

비고 4 기반구조를 이해하는 것은 조직 상황을 정의하는데 도움이 될 수 있다.

3.2.3 이해관계자(interested party) 이해당사자(stakeholder)

의사결정 또는 활동에 영향을 줄 수 있거나, 영향을 받을 수 있거나 또는 그들 자신이 영향을 받는다는 인식을 할 수 있는 사람 또는 조직

보 기 고객, 소유주, 조직 내 인원, 공급자, 금융인, 규제당국, 노동조합, 파트너 또는 경쟁자 또는 반대 입장의 압력집단을 포함하는 사회

비고 이 용어와 정의는 ISO/IEC Directives 제1부의 통합 ISO 보충판의 부속서 SL에 제시된 ISO 경영시스템 표준을 위한 공통 용어와 핵심 정의 중의 하나이다. 본래의 정의는 보기가 추가됨으로써 변경되었다.

3.2.4 고객(customer)

개인 또는 조직을 위해 의도되거나 그들에 의해 요구되는 제품 또는 서비스를 받을 수 있거나 제공받는 개인 또는 조직

보 기 소비자, 고객, 최종 사용자, 소매업자, 내부 프로세스로부터의 제품 또는 서비스 수령자, 수혜자 및 구매자

비고 고객은 조직의 내부 또는 외부가 될 수 있다.

3.3 활동 관련 용어

3.3.1 개선(improvement)

성과를 향상시키기 위한 활동

> **비고** 활동은 반복될 수 있거나 한 번일 수 있다.

3.3.2 지속적 개선(continual improvement)

성과를 향상시키기 위하여 반복하는 활동

> **비고1** 목표를 수립하고 개선을 위한 기회를 찾는 프로세스는 심사 발견 사항 및 심사 결론, 데이터 분석, 경영 검토 또는 다른 수단의 활용을 통한 지속적인 프로세스이며, 일반적으로 시정조치 또는 예방조치로 이르게 한다.
>
> **비고2** 이 용어와 정의는 ISO/IEC Directives 제1부의 통합 ISO 보충판의 부속서 SL에 제시된 ISO 경영시스템 표준을 위한 공통 용어와 핵심 정의 중의 하나이다.

3.3.4 품질경영(quality management)

품질에 관한 경영

> **비고** 품질경영에는 품질방침과 품질목표의 수립, 그리고 품질기획, 품질보증, 품질관리 및 품질개선을 통해서 이러한 품질목표를 달성하기 위한 프로세스의 수립이 포함될 수 있다.

3.4 프로세스 관련 용어

3.4.1 프로세스(process)

의도된 결과를 만들어 내기 위해 입력을 사용하여 상호 관련되거나 상호 작용하는 활동의 집합

비고1 프로세스의 "의도된 결과"는 출력, 제품, 또는 서비스 중 무엇인지는 내용의 문맥에 따른다.

비고2 프로세스에 대한 입력은 일반적으로 다른 프로세스의 출력이고, 프로세스의 출력은 일반적으로 다른 프로세스의 입력이다.

비고3 연속된 둘 또는 그 이상의 상호 관련되거나 상호 작용하는 연속되는 프로세스도 하나의 프로세스로 볼 수 있다.

비고4 조직의 프로세스는 가치를 부가하기 위하여, 일반적으로 관리된 조건하에서 계획되고 수행된다.

비고5 결과로 산출된 출력의 적합성이 또는 경제적으로 실현성을 확인할 수 없는 프로세스를 흔히 "특별 프로세스"라고 한다.

비고6 이 용어와 정의는 ISO/IEC Directives 제1부의 통합 ISO 보충판의 부속서 SL에 제시된 ISO 경영시스템 표준을 위한 공통 용어와 핵심 정의 중의 하나이다.

본래의 정의는 변경되었으며 프로세스와 출력에 대한 정의 간의 애매함을 방지하기 위해 비고 1~비고 5가 추가되었음

3.4.5 절차(procedure)

활동 또는 프로세스를 수행하기 위하여 규정된 방식

비고 절차는 문서화될 수도 있고 문서화되지 않을 수도 있다.

3.4.8 설계 및 개발(design and development)

대상에 대한 요구사항을 보다 상세한 요구사항으로 변환시키는 프로세스의 집합

비고1 설계 및 개발의 입력사항을 구성하는 요구사항은 흔히 연구조사 결과이며, 설계 및 개발의 출력을 구성하는 요구사항보다 넓고 더 일반적인 의미로 표현될 수 있다. 요구사항은 일반적으로 특성에 따라 정의된다. 프로젝트에는 여러 개의 설계 및 개발 단계가 있을 수 있다.

비고2 영어에서 "설계" 그리고 "개발"이라는 단어와 "설계 및 개발"이라는 용어는 때로는 동의어로 사용되고, 때로는 전체 설계 및 개발의 상이한 단계를 규정하는 데 사용되기도 한다.

비고3 설계 및 개발되고 있는 것의 성격을 나타내는 수식어가 적용될 수 있다.
[예 : 제품 설계및 개발, 서비스 설계 및 개발 또는 프로세스 설계 및 개발]

3.5 시스템 관련 용어

3.5.1 시스템(system)

상호 관련되거나 상호 작용하는 요소들의 집합

3.5.3 경영시스템(management system)

방침과 목표를 수립하고 그 목표를 달성하기 위한 프로세스를 수립하기 위한, 상호 관련되거나 상호 작용하는 조직 요소의 집합

비고1 경영시스템은 예를 들면, 품질경영, 재무경영 또는 환경경영 등, 단일 또는 다수의 분야를 다룰 수 있다.

비고2 경영시스템 요소는 조직의 구조, 역할과 책임, 기획, 운영, 방침, 관행, 규칙, 신념, 목표 그리고 이들 목표를 달성하기 위한 프로세스 등을 수립한다.

비고3 경영시스템의 적용 범위는 조직 전체, 조직의 특정한 그리고 파악된 기능. 조직의 특정한 그리고 파악된 부문 또는 조직 그룹 전체에 있는 하나 또는 그 이상의 기능을 포함할 수 있다.

비고4 이 용어와 정의는 ISO/IEC Directives, Part1에 통합된 ISO 부록판의 부속 SL에 제시된 ISO 경영시스템 표준을 위한 공통 용어와 핵심 정의 중의 하나이다.

본래의 정의에서 비고 1~비고 3이 변경되었다.

3.5.4 품질경영시스템(quality management system)

품질에 관한 경영시스템의 일부

3.5.8 방침(policy)

〈조직〉 최고경영자에 의해 공식적으로 표명된 조직의 의도 및 방향

> **비고** 이 용어와 정의는 ISO/IEC Directives 제1부의 통합 ISO 보충판의 부속서 SL에 제시된 ISO 경영시스템 표준을 위한 공통 용어와 핵심 정의 중의 하나이다.

3.5.9 품질방침(quality policy)

품질에 관한 방침

> **비고 1** 일반적으로 품질방침은 조직의 전반적인 방침과 일관성이 있어야 하고, 조직의 비전과 미션에 정렬될 수 있으며, 품질목표를 설정하기 위한 틀을 제공한다.
> **비고 2** 이 표준에 제시된 품질경영원칙은 품질방침의 수립을 위한 토대가 될 수 있다.

3.6.9 부적합(nonconformity)

요구사항의 불충족

> **비고** 이 용어와 정의는 ISO/IEC Directives 제1부의 통합 ISO 보충판의 부속서 SL에 제시된 ISO 경영시스템 표준을 위한 공통용어와 핵심 정의 중의 하나이다.

3.7 결과 관련 용어

3.7.1 목표(objective)

달성되어야 할 결과

비고 1 　목표는 전략적, 전술적 또는 운영적일 수 있다.

비고 2 　목표는(예를 들면, 재무, 안전보건 그리고 환경목표) 다른 분야와 관련될 수 있고, 상이한 계층[예를 들면, 전략적, 조직 : 전반, 프로젝트, 제품 그리고 프로세스]에 적용될 수 있다.

비고 3 　목표는 다른 방식 예를 들면, 품질목표로서 의도된 결과(outcome), 목적, 운영기준으로 또는 비슷한 의미를 갖는 다른 용어[예 : 목표(aim), 목표(goal), 세부목표(target)]의 사용에 의해 표현될 수 있다.

비고 4 　품질경영시스템 맥락에서 특정 결과를 달성하기 위해서는, 품질목표는 조직에 의해서 수립되고, 품질방침과 일관성이 있다.

비고 5 　이 용어와 정의는 ISO/IEC Directives 제1부의 통합 ISO 보충판의 부속서 SL에 제시된 ISO 경영시스템 표준을 위한 공통 용어와 핵심 정의 중의 하나이다.

본래의 정의는 비고 2를 추가함으로써 변경되었다.

3.8 데이터, 정보 및 문서 관련 용어

3.8.1 데이터(data)

대상에 관한 사실

3.8.2 정보(information)

의미 있는 데이터

3.8.3 객관적 증거(objective evidence)

사물의 존재 또는 사실을 입증하는 데이터

- **비고1** 객관적 증거는 관찰, 측정, 시험 또는 다른 수단을 통해 얻어질 수 있다.
- **비고2** 심사 목적을 위한 객관적 증거는 일반적으로 심사기준에 관련되고, 검증 가능한 기록, 사실의 진술 또는 다른 정보로 구성되어 있다.

3.8.4 정보시스템(information system)

〈품질경영시스템〉 조직 내에서 사용되는 의사소통 채널의 네트워크

3.8.5 문서(document)

정보 및 정보가 포함된 매체

- **보 기** 기록, 시방서, 절차문서, 도면, 보고서, 표준
- **비고1** 매체는 종이, 자기, 전자 또는 광학 컴퓨터 디스크, 사진이나 한도 견본 또는 그것의 조합이 될 수 있다.
- **비고2** 예를 들면, 시방서 및 기록과 같은 일련의 문서를 종종 "문서류"라 칭한다.
- **비고3** 어떤 요구사항(예: 읽을 수 있어야 하는 요구사항)은 모든 형태의 문서에 관련된다. 그러나 시방서(예: 개정관리가 되어야 하는 요구사항)와 기록(예: 검색 가능해야 하는 요구사항)에 대한 요구사항은 다를 수 있다.

3.8.6 문서화된 정보(documented information)

조직에 의해 관리되고 유지되도록 요구되는 정보 및 정보가 포함되어 있는 매체

- **비고1** 문서화된 정보는 어떠한 형태 및 매체일 수 있으며 어떠한 출처로부터 올 수 있다.
- **비고2** 문서화된 정보는 다음으로 언급될 수 있다.
  - 관련 프로세스를 포함하는 품질경영시스템
  - 조직에서 운영하기 위해서 만든 정보(문서화)
  - 달성된 결과의 증거[기록]

비고 3 이 용어와 정의는 ISO/IEC Directives 제1부의 통합 ISO 보충판의 부속서 SL에 제시된 ISO 경영시스템 표준을 위한 공통 용어와 핵심 정의 중의 하나이다.

3.9 고객 관련 용어

3.9.2 고객만족(customer satisfaction)

고객의 기대가 어느 정도까지 충족되었는지에 대한 고객의 인식

비고 1 제품 또는 서비스가 인도될 때까지 고객의 기대가 조직 또는 해당 고객 자신에게조차 알려지지 않을 수 있다. 명시되지도 않고 일반적으로 암시 또는 강제되지 아니할지라도 높은 고객만족을 달성하는 것이 고객의 기대를 충족시키는 데 필요할 수 있다.

비고 2 불만은 낮은 고객만족의 공통 지표지만 그 부재가 반드시 높은 고객 만족을 암시하지는 않는다.

비고 3 고객 요구사항이 고객과 합의되고 충족되었다 할지라도 이것이 반드시 높은 고객만족을 암시하지는 않는다.

3.10 특성 관련 용어

3.10.4 역량/적격성(competence)

의도된 결과를 달성하기 위해 지식 및 스킬을 적용하는 능력

비고 1 입증된 역량은 때로는 자격인정이라고 언급된다.

비고 2 이 용어와 정의는 ISO/IEC Directives 제1부의 통합 ISO 보충판의 부속서 SL에 제시된 ISO 경영시스템 표준을 위한 공통 용어와 핵심 정의 중의 하나이다.

본래의 정의는 비고 1을 추가함으로써 변경되었다.

3.11 결정 관련 용어

3.11.3 모니터링(monitoring)

시스템, 프로세스, 제품, 서비스 또는 활동의 상태를 확인 결정

- **비고 1** 상태를 확인 결정하기 위해서는 확인, 감독 또는 심도 있는 관찰이 필요할 수 있다.
- **비고 2** 모니터링은 일반적으로 다른 시간대 또는 다른 단계에서 수행되는 대상의 상태에 대한 확인 결정 활동이다.
- **비고 3** 이 용어와 정의는 ISO/IEC Directives 제1부의 통합 ISO 보충판의 부속서 SL에 제시된 ISO 경영시스템 표준을 위한 공통 용어와 핵심 정의 중의 하나이다.

본래의 정의와 비고 1은 변경되었으며, 비고 2와 비고 3이 추가되었다.

3.11.4 측정(measurement)

값을 결정/확인 결정하는 프로세스

- **비고 1** KS Q ISO 3534 – 2에 의하면, 일반적으로 결정된 값은 정량적인 값이다.
- **비고 2** 이 용어와 정의는 ISO/IEC Directives 제1부의 통합 ISO 보충판의 부속서 SL에 제시된 ISO 경영시스템 표준을 위한 공통 용어와 핵심 정의 중의 하나이다.

본래의 정의는 비고 1이 추가됨으로써 변경되었다.

3.12 조치 관련 용어

3.12.1 예방조치(preventive action)

잠재적 부적합 또는 기타 원하지 않는 잠재적 상황의 원인을 제거하기 위한 조치

> **비고 1**   잠재적 부적합의 원인에는 하나 이상의 원인이 있을 수 있다.
> **비고 2**   예방조치는 발생을 방지하기 위하여 취해지는 반면, 시정조치는 재발을 방지하기 위해 취해진다.

3.12.2 시정조치(corrective action)

부적합의 원인을 제거하고 재발을 방지하기 위한 조치

> **비고 1**   부적합의 원인에는 하나 이상의 원인이 있을 수 있다.
> **비고 2**   시정조치는 재발을 방지하기 위해 취해지는 반면, 예방조치는 발생을 방지하기 위하여 취해진다.
> **비고 3**   이 용어와 정의는 ISO/IEC Directives 제1부의 통합 ISO 보충판의 부속서 SL에 제시된 ISO 경영시스템 표준을 위한 공통 용어와 핵심 정의 중의 하나이다.

본래의 정의는 비고 1과 비고 2가 추가됨으로써 변경되었다.

3.12.5 특채(concession)

규정된 요구사항에 적합하지 않은 제품 또는 서비스를 사용하거나 불출하는 것에 대한 허가

> **비고**   특채는 일반적으로 부적합한 특성을 갖는 제품 및 서비스가 규정된 제한 조건 내에 제한된 양 또는 일정한 기간 내, 특별한 사용을 위해 인도되는 것에 국한한다.

3.13 심사 관련 용어

3.13.1 심사(audit)

심사기준에 충족되는 정도를 결정하기 위하여 객관적인 증거를 수집하고 객관적으로 평가하기 위한 체계적이고 독립적이며 문서화된 프로세스

> **비고1** 심사의 기본적인 요소는 심사 대상에 책임이 없는 인원에 의해 수행되는 절차에 따라, 대상의 적합성에 대한 확인 결정을 포함한다.

> **비고2** 심사는 내부심사(1자심사) 또는 외부심사(2자 또는 3자)가 있으며, 결합심사 또는 합동심사가 있을 수 있다.

> **비고3** 때로는 1자 심사로 불리는 내부심사는 경영검토와 기타 내부 목적을 위하여 조직에 의해, 또는 조직 자신을 대신해서 수행되며, 조직의 자체 적합성 선언의 기초로 구성할 수 있다. 독립성은 심사대상 활동에 대한 책임으로부터 자유롭다는 것으로 입증될 수 있어야 한다.

> **비고4** 외부심사는 일반적으로 2자 심사와 3자 심사로 불리는 심사를 포함한다. 2자 심사는 조직과 이해관계가 있는 관계자, 예를 들면 고객 또는 고객을 대신한 다른 사람 등에 의해서 수행된다. 3자 심사는 적합성 인증/등록을 제공하는 외부의 독립된 심사조직 또는 정부기관에 의해 수행된다.

> **비고5** 이 용어와 정의는 ISO/IEC Directives 제1부의 통합 ISO 보충판의 부속서 SL에 제시된 ISO 경영시스템 표준을 위한 공통 용어와 핵심 정의 중의 하나이다. 프로세스와 출력에 대한 정의 간의 애매함을 방지하기 위해 본래의 정의는 변경되었으며 비고 3과 비고 4가 추가되었다.

3.13.2 결합심사(combined audit)

한 피 심사자에 둘 이상의 경영시스템이 함께 수행되는 심사

> **비고** 결합심사에 포함될 수 있는 경영시스템의 일부는 조직에 의해 적용되는 관련 경영시스템, 제품표준, 서비스 표준 또는 프로세스 표준에 의해 식별될 수 있다.

3.13.3 합동심사(joint audit)

둘 이상의 심사 조직에 의해 한 피 심사자에게 수행되는 심사

3.13.4 심사 프로그램(audit programme)

특정한 기간 동안 계획되고 특정한 목적을 위하여 관리되는 하나 또는 그 이상의 심사의 조합

3.13.5 심사범위(audit scope)

심사의 영역과 경계

비고 심사범위는 일반적으로 물리적 위치, 조직단위, 활동, 프로세스에 대한 기술을 포함한다.
[출처: KS Q ISO 19011:2013, 3.14의 변경 : 비고 변경]

3.13.6 심사계획서(audit plan)

심사와 관련된 활동과 준비사항을 기술한 문서
[출처: KS Q ISO 19011:2013, 3.15]

3.13.7 심사기준(audit criteria)

객관적인 증거를 비교하는 기준으로 사용되는 방침, 절차 또는 요구사항의 조합
[출처: KS Q ISO 19011:2013, 3.2의 변경 : "심사증거" 용어가 "객관적 증거"로 대체되었음]

3.13.8 심사증거(audit evidence)

심사기준에 관련되고 검증할 수 있는 기록, 사실의 기술 또는 기타 정보
[출처: KS Q ISO 19011:2013, 3.3의 변경 : 비고 삭제]

3.13.9 심사 발견사항(audit findings)

심사기준에 대하여 수집된 심사증거를 평가한 결과

- **비고 1** 심사 발견사항은 적합 또는 부적합으로 나타난다.
- **비고 2** 심사 발견사항은 개선의 기회 파악 또는 좋은 관행의 기록으로 이어질 수 있다.
- **비고 3** 영어에서, 심사기준이 법규 요구사항 또는 규제 요구사항으로 선택된 경우, 심사 발견사항은 준수 또는 비 준수라고 불릴 수 있다.
  [출처: KS Q ISO 19011:2013, 3.4의 변경 : 비고 3 변경]

3.13.10 심사결론(audit conclusion)

심사목표 및 모든 심사 발견사항을 고려한 심사 결과
[출처: KS Q ISO 19011:2013, 3.5]

3.13.11 심사 의뢰자(audit client)

심사를 요청하는 조직 또는 개인
[출처: KS Q ISO 19011:2013, 3.6의 변경 : 비고 삭제]

3.13.12 피심사자(auditee)

심사를 받는 조직
[출처: KS Q ISO 19011:2013, 3.7]

3.13.13 안내자(guide)

〈심사〉 심사팀을 지원하기 위하여 피심사자가 지명한 인원
[출처: KS Q ISO 19011:2013, 3.12]

3.13.14 심사팀(audit team)

심사를 수행하는 한 사람 또는 그 이상의 인원, 필요한 경우 기술전문가의 지원을 받는다.

> **비고 1** 심사팀의 한 심사원은 심사 팀장으로 지명된다.
> **비고 2** 심사팀에는 훈련 중인 심사원을 포함할 수 있다.
> [출처: KS Q ISO 19011:2013, 3.9의 변경]

3.13.15 심사원(auditor)

심사를 수행하는 인원
[출처: KS Q ISO 19011:2013, 3.8]

3.13.16 기술전문가(technical expert)

〈심사〉 심사팀에 특정한 지식 또는 전문성을 제공하는 사람

> **비고 1** 특정 지식 또는 전문성은 심사 대상이 되는 조직, 프로세스 또는 활동에 관련되거나
> 언어 또는 문화와 관련된 것이다.
> **비고 2** 기술전문가는 심사팀에서 심사원의 역할을 하지 않는다.
> [출처: KS Q ISO 19011:2013, 3.10의 변경 : 비고 1 변경]

3.13.17 참관인(observer)

〈심사〉 심사팀과 동행하지만 심사원의 역할을 하지 않는 사람

> **비고** 참관인은 피심사자의 인원, 관계 당국 또는 입회심사를 수행하는 기타 이해관계자
> 가 될 수 있다.
> [출처: KS Q ISO 19011:2013, 3.11의 변경 : "심사"라는 동사는 정의에서 삭제되었음. 비
> 고 변경]

4. 조직 상황

4.1 조직과 조직상황의 이해

조직은, 조직의 목적 및 전략적 방향과 관련이 있는 외부와 내부 이슈를 그리고 품질경영시스템의 의도된 결과를 달성하기 위한 조직의 능력에 영향을 주는 외부와 내부 이슈를 정하여야 한다.

조직은 이러한 외부와 내부 이슈에 대한 정보를 모니터링하고 검토하여야 한다.

> 비고 1 이슈에는 긍정적, 부정적 요인 또는 고려해야 할 조건이 포함될 수 있다.
> 비고 2 국제적, 국가적, 지역적 또는 지방적이든 법적, 기술적, 경쟁적, 시장, 문화적, 사회적 및 경제적 환경에서 비롯된 이슈를 고려함으로써 외부 상황에 대한 이해를 용이하게 할 수 있다.
> 비고 3 조직의 가치, 문화, 지식 및 성과와 관련되는 이슈를 고려함으로써 내부 상황에 대한 이해를 용이하게 할 수 있다.

•• 요구사항의 취지

조직은 조직의 목적, 능력, 전략적 방향과 품질경영시스템의 결과 달성에 영향을 주는 내부, 외부 이슈를 정하고 모니터링 및 검토하여 조직을 둘러싼 환경 변화에 대비하라.

•• 주요 체크포인트

1. 조직의 목적 및 전략적 방향에 대한 내부 이슈는 결정이 되어있는가?
2. 조직의 목적 및 전략적 방향에 대한 외부 이슈는 결정이 되어있는가?

≡ 증빙

조직의 내부, 외부 이슈 사항 정리 자료, 경영검토보고서(경영검토입력사항) 등
예) 외부 이슈 : 법 개정, 기술의 변화, 경쟁업체의 등장 등
　　　내부 이슈 : 신규공장의 설립, 조직의 변경, 인원의 변경 등

4.2 이해관계자의 니즈와 기대 이해

고객 요구사항, 그리고 적용되는 법적 및 규제적 요구사항을 충족하는 제품 및 서비스를 일관성 있게 제공하기 위한 조직의 능력에 이해관계자가 영향 또는 잠재적 영향을 미치기 때문에, 조직은 다음 사항을 정하여야 한다.

a) 품질경영시스템에 관련되는 이해관계자
b) 품질경영시스템에 관련되는 이해관계자의 요구사항

조직은 이해관계자와 이해관계자 관련 요구사항에 대한 정보를 모니터링하고 검토하여야 한다.

•• 요구사항의 취지

조직의 품질경영시스템에 영향을 미칠 수 있는 이해관계자와 그들이 원하는 바를 정하고 모니터링 및 검토하여 관리하라.

•• 주요 체크포인트

1. 조직의 품질경영시스템 이해관계자는 파악되고 정하였는가?
2. 조직의 품질경영시스템 이해관계자의 요구사항은 무엇인가?

≡ 증빙

이해관계자 파악 및 이해관계자의 요구사항 정리 자료, 경영검토보고서 등

예) 이해관계자와 니즈 및 기대사항

이해관계자	니즈 및 기대사항
고객	제품의 높은 품질, 낮은 가격, 인도 성과
소유자/주주	지속적 수익성 투명성
조직내 인원	좋은 업무 환경 포상 및 보상
공급자 및 파트너	상호 이익 및 지속적 거래
사회	환경보호 윤리적 행동 법적 및 규제적 요구사항 준수

4.3 품질경영시스템 적용 범위 결정

조직은 품질경영시스템의 적용 범위를 설정하기 위하여 품질경영시스템의 경계 및 적용 가능성을 정하여야 한다.

적용 범위를 정할 때, 조직은 다음 사항을 고려하여야 한다.

a) 4.1에 언급된 외부와 내부 이슈
b) 4.2에 언급된 관련 이해관계자의 요구사항
c) 조직의 제품 및 서비스

조직의 품질경영시스템의 정해진 적용 범위 내에서 이 표준의 요구사항이 적용 가능하다면, 조직은 이 표준의 모든 요구사항을 적용하여야 한다.

조직의 품질경영시스템의 적용 범위는 문서화된 정보로 이용 가능하고 유지되어야 한다.

적용 범위에는 포함되는 제품 및 서비스의 형태를 기술하여야 하고, 조직이 그 조직의 품질경영시스템 적용 범위에 포함되지 않는다고 정한 이 표준의 어떤 요구사항이 있는 경우, 그에 대한 정당성을 제시하여야 한다.

적용될 수 없다고 정한 요구사항이, 제품 및 서비스의 적합성 보장과 고객만족 증진을 보장하기 위한 조직의 능력 또는 책임에 영향을 미치지 않는 경우에만, 이 표준에 대한 적합성이 주장될 수 있다.

•• 요구사항의 취지

조직의 품질경영시스템의 적용되는 부분을 정하고 나타내라. 적용 범위를 정할 때 조직의 물리적 경계, 조직의 활동, 제품 및 서비스를 포함시켜라.

•• 주요 체크포인트

1. 조직의 품질경영시스템의 적용되는 물리적 경계는 어디인가?(예: 주소, 장소 등)
2. 조직의 품질경영시스템이 적용되는 제품 및 서비스 활동은 무엇인가?(예: 조직의 업무 등)
3. ISO 9001:2015 표준의 모든 요구사항을 적용하고 있는가?(예: ISO 9001:2015)
4. 적용 제외가 있다면 적용 제외사항은 무엇인가?(예: 적용제외 8.3 설계)

≡ 증빙

품질매뉴얼 등에 품질경영시스템이 적용되는 주소, 조직의 제품 및 서비스 활동, 적용되는 ISO 규격과 적용 제외되는 부분을 표시

예) 1. 주소 : 서울시 노원구 OO로 OO길 OOO
　　 2. 활동 및 서비스 : ISO 경영시스템 인증 및 심사원 교육
　　 3. 적용 규격 : ISO 9001:2015 품질경영시스템
　　 4. 적용제외 : 8.3항 설계 및 개발

4.4 품질경영시스템과 그 프로세스

4.4.1 조직은 이 표준의 요구사항에 따라, 필요한 프로세스와 그 프로세스의 상호 작용을 포함하는 품질경영시스템을 수립, 실행, 유지 및 지속적 개선을 하여야 한다.

조직은 품질경영시스템에 필요한 프로세스와 조직 전반에 그 프로세스의 적용을 정해야 하며, 다음 사항을 실행하여야 한다.

a) 요구되는 입력과 프로세스로부터 기대되는 출력의 결정

b) 프로세스의 순서와 상호 작용의 결정

c) 프로세스의 효과적 운용과 관리를 보장하기 위하여 필요한 기준과 방법(모니터링, 측정 및 관련 성과지표를 포함)의 결정과 적용

d) 프로세스에 필요한 자원의 결정과 자원의 가용성 보장

e) 프로세스에 대한 책임과 권한의 부여

f) 6.1의 요구사항에 따라 결정된 리스크와 기회의 조치

g) 프로세스의 평가, 그리고 프로세스가 의도된 결과를 달성함을 보장하기 위하여 필요한 모든 변경사항의 실행

h) 프로세스와 품질경영시스템의 개선

4.4.2 조직은 필요한 정도까지 다음 사항을 실행하여야 한다.

a) 프로세스의 운용을 지원하기 위하여 문서화된 정보의 유지

b) 프로세스가 계획대로 수행되고 있다는 확신을 갖기 위하여 문서화된 정보의 보유

•• 요구사항의 취지

조직은 품질경영시스템의 수립 실행 유지 및 지속적 개선을 위한 고객 프로세스, 경영 프로세스, 지원 프로세스 등을 정하고 프로세스가 상호 작용하는 흐름을 문서화하고 관리하라.

예) 1. 경영 프로세스 : 소식 빛 업무분장, 내부심사, 경영검토, 시정조치, 개선관리 등

2. 고객 프로세스 : 영업, 생산, 제품 및 서비스 제공, 고객 불만 등과 더불어 설계 및 개발, 측정 장비, 검사업무, 부적합 관리 등

3. 지원 프로세스 : 문서 및 기록, 교육훈련, 구매, 공급자, 자재, 설비관리 등

•• 주요 체크포인트

1. 조직은 이 표준의 요구사항에 따라 프로세스와 프로세스 간의 상호작용에 관하여 정의되고 문서화 되어있는가?

≡ 증빙

문서화된 정보(매뉴얼, 절차서, 지침, 양식, 기록), 각 프로세스의 연관관계, 프로세스 맵, 비지니스 매트릭스 등

예1) 1. 수립 : 문서화(매뉴얼, 절차서, 지침, 양식 등) 작성

    2. 실행 : 수립된 문서화에 따라 품질경영시스템의 구현(기록)

    3. 성과평가 : 모니터링, 측정, 내부심사, 경영검토 실시

    4. 유지 : 성과평가를 통하여 지속성 결정

    5. 지속적 개선 : 성과평가를 통하여 개선 결정

예2) 프로세스 맵

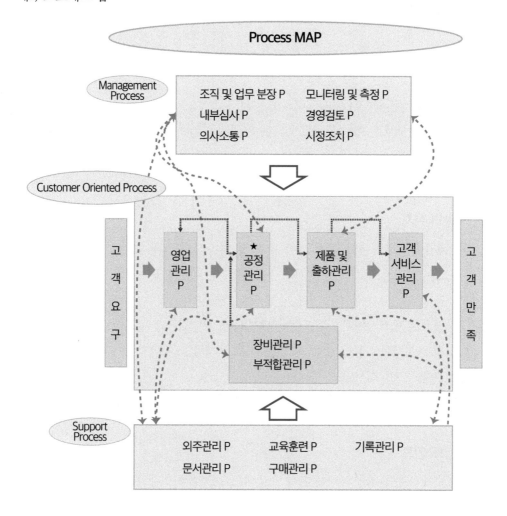

5. 리더십

5.1 리더십과 의지표명

5.1.1 일반사항

최고경영자/최고경영진은 품질경영시스템에 대한 리더십과 의지표명/실행의지 (commitment)을 다음 사항에 의하여 실증하여야 한다.

a) 품질경영시스템의 효과성에 대한 책무(accountability)를 짐
b) 품질방침과 품질목표가 품질경영시스템을 위하여 수립되고, 조직상황과 전략적 방향에 조화됨을 보장
c) 품질경영시스템 요구사항이 조직의 비즈니스 프로세스와 통합됨을 보장
d) 프로세스 접근법 및 리스크 기반 사고의 활용 촉진
e) 품질경영시스템에 필요한 자원의 가용성 보장

f) 효과적인 품질경영의 중요성 그리고 품질경영시스템 요구사항과의 적합성에 대한 중요성을 의사소통

g) 품질경영시스템이 의도한 결과를 달성함을 보장

h) 품질경영시스템의 효과성에 기여하기 위한 인원을 적극 참여시키고, 지휘하고 지원함

i) 개선을 촉진

j) 기타 관련 경영자/관리자의 책임분야에 리더십이 적용될 때, 그들의 리더십을 실증하도록 그 경영자 역할에 대한 지원

비고 이 표준에서 "비즈니스"에 대한 언급은 조직이 공적, 사적, 영리 또는 비영리의 여부에 관계없이, 조직의 존재 목적에 핵심이 되는 활동을 의미하는 것으로 광범위하게 해석될 수 있다.

5.1.2 고객중시

최고경영자는 다음 사항을 보장함으로써 고객중시에 대한 리더십과 의지표명을 실증하여야 한다.

a) 고객 요구사항과 적용되는 법적 및 규제적 요구사항이 결정되고, 이해되며 일관되게 충족됨

b) 제품 및 서비스의 적합성에 그리고 고객 만족을 증진시키는 능력에 영향을 미칠 수 있는 리스크와 기회가 결정되고 처리됨

c) 고객만족 증진의 중시가 유지됨

•• 요구사항의 취지

ISO 품질경영시스템을 도입하고자 하는 조직의 최고경영자/최고경영진은 품질경영시스템 요구사항을 반영하여 리더십과 의지표명 및 실행의지를 실증하라.

•• 주요 체크포인트

1. 조직은 조직의 전략적 방향에 적합한 방침과 목표가 수립되어 관리되고 있는가?
2. 조직은 품질경영시스템의 요구사항을 각각의 프로세스에 역할, 책임, 권한을 부여하고 있는가?
3. 조직은 품질경영시스템에 필요한 자원의 가용성이 보장되어 있는가?
4. 조직은 품질경영시스템 효과성에 기여하기 위한 인원을 적극 참여시키고 있는가?
5. 품질경영시스템의 적합성, 중요성이 의사소통되고 있는가?
6. 품질경영시스템의 지속적인 개선에 대한 증거는 무엇인가?
7. 각 부문 관리자에 대한 지원은 어떻게 하고 있는가?
8. 고객의 요구사항과 적용되는 법적 및 규제적 요구사항은 무엇인가?
9. 고객만족을 위한 리스크와 기회는 무엇이 있는가?

≡ 증빙

품질방침과 품질목표, 법적 규제적 준수의무사항, 책임과 역할 및 권한 부여 자료, 품질 관련 유자격자의 확보 자료, 외부품질 관련 계약서, 품질 관련 교육자료, 경영진의 인터뷰 등

5.2 방침

5.2.1 품질방침의 수립

최고경영자는 다음과 같은 품질방침을 수립, 실행 및 유지하여야 한다.

a) 조직의 목적과 상황에 적절하고 조직의 전략적 방향을 지원
b) 품질목표의 설정을 위한 틀을 제공
c) 적용되는 요구사항의 충족에 대한 의지표명을 포함
d) 품질경영시스템의 지속적 개선에 대한 의지표명을 포함

5.2.2 품질방침에 대한 의사소통

품질방침은 다음과 같아야 한다.

a) 문서화된 정보로 이용 가능하고 유지됨
b) 조직 내에서 의사소통되고 이해되며 적용됨
c) 해당되는 경우, 관련 이해관계자에게 이용 가능함

•• 요구사항의 취지

조직이 ISO 품질경영시스템 도입 시 최고경영자는 규격에서 요구하는 품질방침을 수립, 실행 및 유지하라.

•• 주요 체크포인트

1. 조직은 품질방침을 문서화하여 유지하고 있는가?
2. 조직의 품질방침은 무엇인가?
3. 조직의 품질방침은 품질목표 설정을 위한 틀을 제공하고 있는가?
4. 조직의 품질방침은 규격의 요구사항 충족에 대한 의지표명이 되어있는가?

5. 조직의 품질방침은 지속적개선에 대한 의지표명이 되어있는가?

6. 조직은 품질방침을 조직원과 어떻게 의사소통하고 있는가?

7. 조직의 이해관계자는 조직의 품질방침을 어디를 통하여 이용할 수 있는가?

8. 프로세스가 계획대로 실행되었음을 확인할 수 있는 문서화된 정보는 무엇인가?

≡ 증빙

품질방침, 품질방침에 대한 공개(홈페이지, 현수막, 액자 등), 규격요구 사항 반영 유무, 방침에 대한 교육, 직원들의 인식 여부(인터뷰) 등

5.3 조직의 역할, 책임 및 권한

최고경영자는 관련된 역할에 대한 책임과 권한이 조직 내에서 부여되고, 의사소통되며, 이해됨을 보장하여야 한다.

최고경영자는 다음 사항에 대하여 책임과 권한을 부여하여야 한다.

a) 품질경영시스템이 이 표준의 요구사항에 적합함을 보장

b) 프로세스가 의도된 출력을 도출하고 있음을 보장

c) 품질경영시스템의 성과와 개선 기회를, 특히 최고경영자에게 보고

d) 조직 전체에서 고객중시에 대한 촉진을 보장

e) 품질경영시스템의 변경이 계획되고 실행되는 경우, 품질경영시스템의 온전성 (integrity)이 유지됨을 보장

•• 요구사항의 취지

조직이 운영하는 품질경영시스템의 품질관련 업무를 정의하고 프로세스의 구성원에게 각각의 역할과 책임 및 권한을 부여하라.

예) 1. 경영자 및 관리자의 책임과 권한 : 품질 매뉴얼 및 절차서에 품질에 관련된 권한과 책임을 명시

    2. 개인의 책임과 권한 : 직무기술서, 업무 분장표 등 품질경영시스템 각각의 문서에 세부적인 책임과 권한을 명시

    3. 프로젝트 참여자의 책임과 권한 : 프로젝트 계획서 등에 명시

•• 주요 체크포인트

1. 조직은 업무분장 프로세스에 따라 조직 구성 및 직무와 관련하여 역할, 책임, 권한이 부여 되어 있는가?
2. 조직원은 품질경영시스템 내에서 자신의 역할과 책임, 권한을 어떻게 의사소통하고 있는가?
3. 품질경영시스템의 성과와 개선 기회에 대한 경영자 보고 프로세스는 어떻게 되는가?
4. 조직 전체에서 고객중시를 실행하는 방법은 무엇인가?
5. 품질경영시스템 변경 시 온전성 유지를 위한 방법은 무엇인가?

≡ 증빙

조직의 업무 분장표, 직무기술서, 조직도 등

6. 기획

6.1 리스크와 기회를 다루는 조치

6.1.1 품질경영시스템을 기획할 때, 조직은 4.1의 이슈와 4.2의 요구사항을 고려하여야 하며, 다음 사항을 위하여 다루어야 할 필요성이 있는 리스크와 기회를 정하여야 한다.

a) 품질경영시스템이 의도된 결과를 달성할 수 있음을 보증
b) 바람직한 영향의 증진
c) 바람직하지 않은 영향의 예방 또는 감소
d) 개선의 성취

6.1.2 조직은 다음 사항을 기획하여야 한다.

a) 리스크와 기회를 다루기 위한 조치

b) 다음 사항에 대한 방법

 1) 조치를 품질경영시스템의 프로세스에 통합하고 실행

 2) 이러한 조치의 효과성 평가

리스크와 기회를 다루기 위하여 취해진 조치는, 제품 및 서비스의 적합성에 미치는 잠재적 영향에 상응하여야 한다.

비고 1 리스크를 다루기 위한 선택사항에는 리스크 회피, 기회를 잡기 위한 리스크 감수, 리스크 요인 제거, 발생 가능성 또는 결과의 변경, 리스크 공유 또는 정보에 근거한 의사결정에 의한 리스크 유지가 포함될 수 있다.

비고 2 기회는 새로운 실행방안의 채택, 신제품 출시, 새로운 시장 개척, 신규 고객 창출, 파트너십 구축, 신기술 활용 그리고 조직 또는 고객의 니즈를 다루기 위한 그 밖의 바람직하고 실행 가능한 방안으로 이어질 수 있다.

•• 요구사항의 취지

조직은 조직의 리스크와 기회를 정하고 조직에 미칠 영향을 파악하여 조치계획을 수립, 실행하고 효과성을 평가하라.

•• 주요 체크포인트

 1. 조직은 분석을 통하여 도출된 리스크와 기회가 구분되어 있는가?

 2. 제품 및 서비스의 적합성에 미치는 잠재적 영향에 상응하는 조치계획이 수립되었는가?

≡ 증빙

리스크 및 기회관리 조치계획서, SWOT 분석표, FMEA(고장형태 영향분석) 등

6.2 품질목표와 품질목표 달성 기획

6.2.1 조직은 품질경영시스템에 필요한 관련 기능, 계층 및 프로세스에서 품
질목표를 수립하여야 한다.

품질목표는 다음과 같아야 한다.

a) 품질방침과 일관성이 있어야 함
b) 측정 가능해야 함
c) 적용되는 요구사항이 고려되어야 함
d) 제품 및 서비스의 적합성과 고객만족의 증진과 관련되어야 함
e) 모니터링 되어야 함
f) 의사소통되어야 함
g) 필요에 따라 갱신되어야 함

조직은 품질목표에 관하여 문서화된 정보를 유지하여야 한다.

6.2.2 품질목표를 달성하는 방법을 기획할 때, 조직은 다음 사항을 정하여야
한다.

a) 달성 대상
b) 필요 자원
c) 책임자
d) 완료 시기
e) 결과 평가 방법

•• 요구사항의 취지

조직에서 달성하고자 하는 품질목표 및 세부목표를 수립하고 관리하라.

1. 품질목표는 관련 계층과 프로세스에서 수립되어 있는가?(예: 전사적 목표, 부분별 목표, 부서별 목표, 개인별 목표 등)
2. 품질목표 수립 시 규격 요구사항을 반영하여 수립되었는가?
3. 조직은 품질목표 달성을 위한 추진계획이 수립되고 실적이 관리되고 있는가?
4. 품질목표 수립 시 품질목표, 목표 책임부서, 주기, 완료 일정, 평가 방법 등이 반영되어 있는가?
5. 프로세스가 계획대로 실행되었음을 확인할 수 있는 문서화된 정보는 무엇인가?

≡ **증빙**

연간 목표 추진계획 및 실적표, 세부목표 변경 요청서 등

6.3 변경의 기획

조직이 품질경영시스템의 변경이 필요하다고 정한 경우, 변경은 계획적인 방식으로 수행되어야 한다.

조직은 다음 사항을 고려하여야 한다.

a) 변경의 목적과 잠재적 결과
b) 품질경영시스템의 온전성
c) 자원의 가용성
d) 책임과 권한의 부여 또는 재부여

•• 요구사항의 취지

조직에서 품질경영시스템을 변경하고자 할 때는 잠재적 영향 등을 고려하여 신중히 계획을 세워 변경하라.

•• 주요 체크포인트

1. 조직은 품질경영시스템 변경 시 변경 관리 절차에 따라 이루어지고 있는가?

≡ 증빙

변경 관리 절차서, 변경(이력) 관리대장 등

7. 지원

7.1 자원

7.1.1 일반사항

조직은 품질경영시스템의 수립, 실행, 유지 및 지속적 개선에 필요한 자원을 정하고 제공하여야 한다.

조직은 다음 사항을 고려하여야 한다.

a) 기존 내부자원의 능력과 제약사항
b) 외부공급자로부터 획득할 필요가 있는 것

7.1.2 인원

조직은 품질경영시스템의 효과적인 실행 그리고 프로세스의 운용과 관리에 필요한 인원을 정하고 제공하여야 한다.

•• 요구사항의 취지

조직은 품질경영시스템의 수립, 실행, 유지 및 지속적 개선에 필요한 자원을 정하고 제공하라(예: 인적자원, 유형자원, 무형자원 등).

예) 1. 인적자원 : 설계 및 개발 인원, 생산인원, 검사 및 시험인원, 특별업무 인원(관련 자격 중 소지자) 등

2. 유형자원 : R&D 장비, 시설, 생산 및 설치 장비시설, 검사 및 시험장비 시설, 물류 장비 시설, 전산장비 시설 등

3. 무형자원 : 지식, 기술, 정보, 특허, 소프트웨어 등

•• 주요 체크포인트

1. 조직은 품질경영시스템 운영에 필요한 자원은 파악되어 있는가?
2. 조직은 품질경영시스템 운영에 필요한 자원이 확보되어 있는가?

≡ 증빙

자산 목록, 직원명부, 조직도, 비상연락망 등

7.1.3 기반구조

조직은 프로세스의 운용에 필요한 그리고 제품 및 서비스의 적합성 달성에 필요한 기반구조를 결정, 제공 및 유지하여야 한다.

> **비고** 기반구조에는 다음이 포함될 수 있다.
> a) 건물 및 연관된 유틸리티
> b) 장비(하드웨어, 소프트웨어 포함)
> c) 운송자원
> d) 정보통신 기술

•• 요구사항의 취지

조직의 프로세스 운용과 제품 및 서비스의 적합성 달성에 필요한 기반 시설을 결정하고, 제공 및 유지하라.

•• 주요 체크포인트

1. 조직은 프로세스운용에 필요한 기반 시설을 파악, 확보하고 있는가?
2. 조직은 확보된 기반 시설에 대하여 유지 관리가 이루어지고 있는가?

≡ 증빙

(인적, 물적, 환경적) 자산 관리대장, 설비 관리대장, 설비 이력카드, 제조설비 점검표, 설비점검 계획표, 설비점검 기준표 등

7.1.4 프로세스 운용 환경

조직은 프로세스 운용에 필요한 그리고 제품 및 서비스의 적합성 달성에 필요한 환경을 결정, 제공 및 유지하여야 한다.

> **비고** 비적절한 환경은 다음과 같이 인적 요인과 물리적 요인의 조합이 될 수 있다.
> a) 사회적(예: 비차별, 평온, 비대립)
> b) 심리적(예: 스트레스 완화, 극심한 피로예방, 정서적 보호)
> c) 물리적(예: 온도, 열, 습도, 밝기, 공기흐름, 위생, 소음)

이러한 요인은 제공되는 제품 및 서비스에 따라 상당히 달라질 수 있다.

•• 요구사항의 취지

조직은 프로세스 운용과 제품 및 서비스의 적합성 달성에 필요한 환경을 결정, 제공 및 유지하라.

•• 주요 체크포인트

1. 조직은 프로세스 운용에 필요한 적절한 업무환경이 갖추어지고 관리되고 있는가?

≡ 증빙

업무환경 점검표, 3정 5S 점검표 등

7.1.5 모니터링 자원과 측정 자원

7.1.5.1 일반사항

제품 및 서비스가 요구사항에 대하여 적합한지를 검증하기 위하여 모니터링 또는 측정이 활용되는 경우, 조직은 유효하고 신뢰할 수 있는 결과를 보장하기 위하여 필요한 자원을 정하고 제공하여야 한다.

조직은 제공되는 자원이 다음과 같음을 보장하여야 한다.

a) 수행되는 특정 유형의 모니터링과 측정 활동에 적절함
b) 자원의 목적에 지속적으로 적합함(fitness)을 보장하도록 유지됨

조직은 모니터링 자원과 측정 자원의 목적에 적합하다는 증거로, 적절한 문서화된 정보를 보유하여야 한다.

7.1.5.2 측정 소급성(traceability)

측정 소급성이 요구사항이거나, 조직이 측정결과의 유효성에 대한 신뢰제공을 필수적인 부분으로 고려하고 있는 경우, 측정 장비는 다음과 같아야 한다.

a) 규정된 주기 또는 사용 전에, 국제 또는 국가 측정표준에 소급 가능한 측정표준에 대하여 교정 또는 검증 혹은 두 가지 모두 시행될 것. 그러한 표준이 없는 경우, 교정 또는 검증에 사용된 근거는 문서화된 정보로 보유될 것
b) 측정 장비의 교정 상태를 알 수 있도록 식별될 것
c) 교정상태 및 후속되는 측정 결과를 무효화할 수 있는 조정, 손상 또는 열화로부터 보호될 것

조직은 측정 장비가 의도한 목적에 맞지 않는 것으로 발견된 경우, 이전 측정 결과의 유효성에 부정적인 영향을 미쳤는지 여부를 규명하고, 필요하다면 적절한 조치를 취하여야 한다.

•• 요구사항의 취지

제품 및 서비스가 요구사항에 적합한지를 검증하기 위하여 필요한 자원을 정하고 제공하라. 또한 제공된 모니터링 및 측정 자원을 관리하라.

•• 주요 체크포인트

1. 조직은 제품 및 서비스 검증에 필요한 모니터링 및 측정 장비를 갖추고 있는가?
2. 모니터링 및 측정 장비는 규정에 따른 검 교정 관리를 하고 있는가?
3. 측정 소급성 관리는 이루어지고 있는가?
4. 프로세스가 계획대로 실행되었음을 확인할 수 있는 문서화된 정보는 무엇인가?

≡ 증빙

계측장비 관리대장, 계측장비 이력카드, 모니터링 및 측정 장비 검교정 자료 등

7.1.6 조직의 지식

조직은 프로세스 운용에 필요한 그리고 제품 및 서비스의 적합성 달성에 필요한 지식을 정하여야 한다.

이 지식은 유지되고, 필요한 정도까지 이용 가능하여야 한다.

변화하는 니즈와 경향(trend)을 다룰 경우, 조직은 현재의 지식을 고려하여야 하고, 추가로 필요한 모든 지식 및 요구되는 최신 정보의 입수 또는 접근 방법을 정하여야 한다.

비고1 조직의 지식은 조직에게 특정한 지식으로, 일반적으로 경험에 의해 얻어진다. 이는 조직의 목표를 달성하기 위하여 활용되고 공유되는 정보이다.

비고2 조직의 지식은 다음을 기반으로 할 수 있다.
a) 내부 출처(예: 지적 재산, 경험에서 얻은 지식, 실패 및 성공한 프로젝트로부터 얻은 교훈, 문서화되지 않은 지식 및 경험의 포착과 공유, 프로세스, 제품 및 서비스에서 개선된 결과)
b) 외부 출처(예: 표준, 학계, 컨퍼런스, 고객 또는 외부공급자로부터 지식수집)

•• **요구사항의 취지**

조직은 프로세스 운영과 제품 및 서비스의 적합성 달성에 필요한 지식을 정하고 이용 가능하게 하라.

•• **주요 체크포인트**

1. 조직은 프로세스 운용에 필요한 업무관련 지식을 조직원들과 공유하고 있는가?

≡ **증빙**

조직의 지식관리 현황 표(특허, 고객표준 포함) 등

7.2 역량/적격성

조직은 다음 사항을 실행하여야 한다.

a) 품질경영시스템의 성과 및 효과성에 영향을 미치는 업무를 조직의 관리 하에 수행하는 인원에 필요한 역량을 결정
b) 이들 인원이 적절한 학력, 교육훈련 또는 경험에 근거하여 역량이 있음을 보장
c) 적용 가능한 경우, 필요한 역량을 얻기 위한 조치를 취하고, 취해진 조치의 효과성을 평가
d) 역량의 증거로 적절한 문서화된 정보를 보유

비고   적용할 수 있는 조치에는, 예를 들어 현재 고용된 인원에 대한 교육훈련 제공, 멘토링이나 재배치 실시 또는 역량이 있는 인원의 고용이나 그러한 인원과의 계약 체결을 포함할 수 있다.

•• 요구사항의 취지

조직은 품질경영시스템 운영과 관련된 업무를 분석하고 업무에 필요한 적격성을 갖춘 인원을 확보하라. 또한 필요한 역량 및 적격성을 갖출 수 있도록 조치를 취하고 효과성을 평가하라.

•• 주요 체크포인트

1. 조직의 품질관련 업무에 필요한 역량 및 적격성은 결정되어 있는가?
2. 조직은 인원의 적격성 평가를 위한 기준의 마련 및 평가를 실시하고 있는가?
3. 조직은 프로세스운용에 필요한 역량을 얻기 위한 교육훈련 등을 실시하고 있는가?
4. 조직은 교육훈련 실시 후 효과성은 평가하고 있는가?
5. 프로세스가 계획대로 실행되었음을 확인할 수 있는 문서화된 정보는 무엇인가?

적격성 평가 기준 및 평가표, 교육훈련 계획서, 교육결과 보고서, 개인별 교육이력 카드, 교육의 효과성을 확인할 수 있는 문서화된 정보(합격증, 자격증, 수료증, 참가증) 등

7.3 인식

조직은, 조직의 관리 하에 업무를 수행하는 인원이 다음 사항을 인식하도록 보장하여야 한다.

a) 품질 방침
b) 관련된 품질목표
c) 개선된 성과의 이점을 포함하여, 품질경영시스템의 효과성에 대한 자신의 기여
d) 품질경영시스템의 요구사항에 부적합한 경우의 영향

•• 요구사항의 취지

조직은 조직원이 품질방침을 인식하고 품질경영시스템의 효과성에 자신의 기여와 품질경영시스템의 요구사항에 부적합한 경우의 영향을 인식할 수 있도록 하라.

•• 주요 체크포인트

1. 조직원은 조직의 품질방침과 자신의 역할에 대하여 인식하고 있는가?
2. 조직은 품질경영시스템에 대하여 조직원이 자신의 역할에 대해 어떻게 인식을 할 수 있도록 하고 있는가?

≡ 증빙

현황판/게시판의 게시물, 교육훈련 계획서, 교육결과 보고서, 직원 인터뷰 등

7.4 의사소통

조직은 다음 사항을 포함하여 품질경영시스템에 관련되는 내부 및 외부 의사소통을 결정하여야 한다.

a) 의사소통 내용
b) 의사소통 시기
c) 의사소통 대상
d) 의사소통 방법
e) 의사소통 담당자

•• 요구사항의 취지

조직은 품질경영시스템 관련하여 내부 및 외부 의사소통 채널을 구축하라.

•• 주요 체크포인트

1. 조직은 내부 및 외부와의 의사소통에 대하여 프로세스가 정의되고 관리되고 있는가?
2. 조직은 내부 및 외부 비상 연락망 등 의사소통 채널이 구축되어 있는가?

≡ 증빙

회의록, 의사소통 관리대장, 내부 인트라넷, 사내게시판, 홈페이지, 비상연락망(내부, 외부), 주간(월간)업무 보고서 등

7.5 문서화된 정보

7.5.1 일반사항

조직의 품질경영시스템에는 다음 사항이 포함되어야 한다.

a) 이 표준에서 요구하는 문서화된 정보
b) 품질경영시스템의 효과성을 위하여 필요한 것으로, 조직이 결정한 문서화된 정보

비고 품질경영시스템을 위한 문서화된 정보의 정도는 다음과 같은 이유로 조직에 따라 다를 수 있다.
· 조직의 규모 그리고 활동, 프로세스, 제품 및 서비스의 유형
· 프로세스의 복잡성과 프로세스의 상호 작용
· 인원의 역량

7.5.2 작성(creating) 및 갱신

문서화된 정보를 작성하거나 갱신할 경우, 조직은 다음 사항의 적절함을 보장하여야 한다.

a) 식별 및 내용(description)(예: 제목, 날짜, 작성자 또는 문서번호)
b) 형식(예: 언어, 소프트웨어 버전, 그래픽) 및 매체(예: 종이, 전자 매체)
c) 적절성 및 충족성에 대한 검토 및 승인

7.5.3 문서화된 정보의 관리

7.5.3.1 품질경영시스템 및 이 표준에서 요구되는 문서화된 정보는, 다음 사항을 보장하기 위하여 관리되어야 한다.

a) 필요한 장소 및 필요한 시기에 사용 가능하고 사용하기에 적절함
b) 충분하게 보호됨(예: 기밀유지 실패, 부적절한 사용 또는 완전성 훼손으로부터)

7.5.3.2 문서화된 정보의 관리를 위하여, 다음 활동 중 적용되는 사항을 다루어야 한다.

a) 배포, 접근, 검색 및 사용
b) 가독성 보존을 포함하는 보관 및 보존
c) 변경 관리(예: 버전 관리)
d) 보유 및 폐기

품질경영시스템의 기획과 운용을 위하여 필요하다고, 조직이 정한 외부 출처의 문서화된 정보는 적절하게 식별되고 관리되어야 한다.

적합성의 증거로 보유 중인 문서화된 정보는, 의도하지 않은 수정으로부터 보호되어야 한다.

> **비고** 접근(access)이란 문서회된 정보를 보는 것만 허락하거나, 문서화된 정보를 보고 변경하는 허락 및 권한에 관한 결정을 의미할 수 있다.

••요구사항의 취지

조직은 조직에서 사용하는 품질경영시스템 관련 문서 및 기록을 관리하라.

••주요 체크포인트

1. 조직의 문서관리(기록관리) 프로세스에 따라 문서화된 정보가 관리되고 있는가?
2. 프로세스가 계획대로 실행되었음을 확인할 수 있는 문서화된 정보는 무엇인가?

≡ 증빙

문서 제·개정 심의서(전자문서 포함), 문서배포 관리대장, 문서 목록, 외부문서 관리대장, 디스켓 및 CD 관리대장, 홈페이지 관리대장 등

8. 운용

8.1 운용 기획 및 관리

조직은 다음 사항을 통하여, 제품 및 서비스의 제공을 위한 요구사항을 충족하기 위해 필요한, 그리고 6절에서 정한 조치를 실행하기 위해 필요한 프로세스를 계획, 실행 및 관리하여야 한다.

a) 제품 및 서비스에 대한 요구사항 결정
b) 다음에 대한 기준 수립
   1) 프로세스
   2) 제품 및 서비스의 합격 판정
c) 제품 및 서비스 요구사항에 대한 적합성을 달성하기 위해 필요한 자원의 결정
d) 기준에 따라 프로세스 관리의 실행
e) 다음을 위해 필요한 정도로 문서화된 정보의 결정, 유지 및 보유
   1) 프로세스가 계획된 대로 수행되었음에 대한 신뢰 확보
   2) 제품과 서비스가 요구사항에 적합함을 실증

이 기획의 출력은 조직의 운용에 적절하여야 한다.

조직은 계획된 변경을 관리하고, 의도하지 않은 변경의 결과를 검토해야 하며, 필요에 따라 모든 부정적인 영향을 완화하기 위한 조치를 취하여야 한다.

조직은 외주처리 프로세스가 관리됨을 보장하여야 한다.

•• 요구사항의 취지

조직의 제품 및 서비스 제공에 대한 공정 흐름 등을 파악하여 관리하라.

•• 주요 체크포인트

1. 조직은 제품 및 서비스 요구사항이 결정되고 프로세스와 합격 판정 기준이 수립, 실행, 관리되고 있는가?
2. 제품 및 서비스 요구사항에 대한 적합성을 달성하기 위해 필요한 자원이 결정되어 있는가?
3. 조직의 품질 요구사항의 변경은 어떻게 관리되고 있는가?
4. 외주처리 프로세스 부분은 어떻게 관리되고 있는가?
5. 프로세스가 계획대로 실행되었다는 문서화된 정보는 무엇인가?

≡ 증빙

제품 및 서비스 관련 QC 공정도, 제품 및 서비스 제공 관련 관리도, 검사기준서, 작업표준서, 작업지도서, 변경 관리 계획, 변경 관리대장 등

8.2 제품 및 서비스 요구사항

8.2.1 고객과의 의사소통

고객과의 의사소통에는 다음 사항이 포함되어야 한다.

a) 제품 및 서비스 관련 정보 제공
b) 변경을 포함하여 문의, 계약 또는 주문의 취급
c) 고객 불평을 포함하여 제품 및 서비스에 관련된 고객 피드백 입수
d) 고객 재산의 취급 및 관리
e) 관련될 경우, 비상조치를 위한 특정 요구사항 수립

8.2.2 제품 및 서비스에 대한 요구사항의 결정

고객에게 제공될 제품 및 서비스에 대한 요구사항을 결정할 경우, 조직은 다음 사항을 보장하여야 한다.

a) 제품 및 서비스 요구사항은 다음을 포함하여 규정됨
  1) 적용되는 모든 법적 및 규제적 요구사항
  2) 조직에 의해 필요하다고 고려된 요구사항
b) 조직은 제공하는 제품 및 서비스에 대한 요구(claim)를 충족시킬 수 있음

8.2.3 제품 및 서비스에 대한 요구사항의 검토

8.2.3.1 조직은 고객에게 제공될 제품 및 서비스에 대한 요구사항을 충족시키는 능력이 있음을 보장하여야 한다. 또한 조직은 고객에게 제품 및 서비스의 공급을 결정하기 전에, 다음 사항을 포함하여 검토를 실시하여야 한다.

a) 인도 및 인도 이후의 활동에 대한 요구사항을 포함하여, 고객이 규정한 요구사항

b) 고객이 명시하지 않았으나 알려진 경우, 규정되거나 의도된 사용에 필요한 요구사항

c) 조직에 의해 규정된 요구사항

d) 제품이나 서비스에 적용되는 법적 및 규제적 요구사항

e) 이전에 표현된 것과 상이한 계약 또는 주문 요구사항

조직은 이전에 규정한 요구사항과 상이한 계약 또는 주문 요구사항이 해결되었음을 보장하여야 한다.

고객이 요구사항을 문서화된 상태로 제시하지 않는 경우, 고객 요구사항은 수락 전에 조직에 의해 확인되어야 한다.

> **비고** 인터넷 판매 등과 같은 상황에서는, 각각의 주문에 대한 공식적인 검토가 비현실적이다. 이러한 경우, 카탈로그와 같은 관련 제품정보를 검토하는 것으로 대신할 수 있다.

8.2.3.2 조직은 적용될 경우, 다음 사항에 대한 문서화된 정보를 보유하여야 한다.

a) 검토결과

b) 제품 및 서비스에 대한 모든 새로운 요구사항

8.2.4 제품 및 서비스에 대한 요구사항의 변경

제품 및 서비스에 대한 요구사항이 변경된 경우, 조직은 관련 문서화된 정보가 수정됨을 그리고 관련 인원이 변경된 요구사항을 인식하고 있음을 보장하여야 한다.

•• 요구사항의 취지

조직이 제공하는 제품 및 서비스에 대한 고객의 요구사항을 검토하고 관리하라.

예) 제품 및 서비스 요구사항 검토

     1. 주문형 제품 : 수주할 때 마다 검토

     2. 시장형 제품 : 제품명, 규격, 납기, 수량 등 확인

•• 주요 체크포인트

1. 고객과 의사소통 할 내용은 검토 및 관리되고 있는가?

2. 제품 및 서비스 요구사항은 기존 고객과 신규 고객에 따라 검토되고 있는가?

3. 고객의 요구사항의 변경 시 어떻게 처리되고 있는가?

4. 프로세스가 계획대로 실행되었다는 문서화된 정보는 무엇인가?

≡ 증빙

발주서, 계약검토서, 시방서, 고객 표준, 법규 및 규제 관리대장, 제품 품질 계획, 계약변경 검토서 등

8.3 제품 및 서비스의 설계와 개발

8.3.1 일반사항

조직은 제품 및 서비스의 설계와 개발 이후의 공급을 보장하기에 적절한 설계와 개발 프로세스를 수립, 실행 및 유지하여야 한다.

8.3.2 설계와 개발 기획

설계와 개발에 대한 단계 및 관리를 결정할 때, 조직은 다음 사항을 고려하여야 한다.

a) 설계와 개발 활동의 성질, 기간 및 복잡성

b) 적용되는 설계와 개발 검토를 포함하여, 요구되는 프로세스 단계

c) 요구되는 설계와 개발 검증 및 실현성 확인/타당성 확인(validation) 활동

d) 설계와 개발 프로세스에 수반되는 책임 및 권한

e) 제품 및 서비스의 설계와 개발에 대한 내부 및 외부 자원 필요성

f) 설계와 개발 프로세스에 관여하는 인원 간 인터페이스의 관리 필요성

g) 설계와 개발 프로세스에 고객 및 사용자의 관여 필요성

h) 제품 및 서비스의 설계와 개발 이후의 공급을 위한 요구사항

i) 설계와 개발 프로세스에 대해 고객 및 기타 관련 이해관계자가 기대하는 관리의 수준

j) 설계와 개발 요구사항이 충족되었음을 실증하는데 필요한 문서화된 정보

8.3.3 설계와 개발 입력

조직은 설계와 개발이 될 특정 형태의 제품 및 서비스에 필수적인 요구사항을 정하여야 한다. 조직은 다음 사항을 고려하여야 한다.

a) 기능 및 성능/성과 요구사항

b) 이전의 유사한 설계와 개발활동으로부터 도출된 정보

c) 법적 및 규제적 요구사항

d) 조직이 실행을 약속한 표준 또는 실행지침

e) 제품 및 서비스의 성질에 기인하는 실패의 잠재적 결과

입력은 설계와 개발 목적에 충분하며, 완전하고 모호하지 않아야 한다. 상충되는 설계와 개발 입력은 해결되어야 한다.

조직은 설계와 개발 입력에 대한 문서화된 정보를 보유하여야 한다.

8.3.4 설계와 개발관리

조직은, 설계와 개발 프로세스에 다음 사항을 보장하기 위하여 관리/통제하여야 한다.

a) 달성될 결과의 규정

b) 설계와 개발 결과가 요구사항을 충족하는지의 능력을 평가하기 위한 검토 시행

c) 설계와 개발의 출력이 입력 요구사항에 충족함을 보장하기 위한 검증활동 시행

d) 결과로 나타난 제품 및 서비스가 규정된 적용에 대한 또는 사용 의도에 대한 요구사항을 충족시킴을 보장하기 위한 실현성 확인 활동의 시행

e) 검토 또는 검증 및 실현성 확인 활동 중 식별된 문제점에 대해 필요한 모든 조치의 시행

f) 이들 활동에 대한 문서화된 정보의 보유

비고 설계와 개발 검토, 검증 및 실현성 확인에는 별개의 다른 목적이 있다. 설계와 개발 검토, 검증 및 실현성 확인은 조직의 제품 및 서비스에 적절하도록 별도로 또는 조합하여 시행될 수 있다.

8.3.5 설계와 개발 출력

조직은 설계와 개발 출력이 다음과 같음을 보장하여야 한다.

a) 입력 요구사항 충족
b) 제품 및 서비스 제공을 위한 후속 프로세스에 대해 충분함
c) 해당되는 경우, 모니터링과 측정 요구사항의 포함 또는 인용 그리고 합격 판정기준의 포함 또는 인용
d) 의도한 목적에 그리고 안전하고 올바른 공급에 필수적인 제품 및 서비스의 특성 규정 조직은 설계와 개발 출력에 대한 문서화된 정보를 보유하여야 한다.

8.3.6 설계와 개발 변경

조직은 제품 및 서비스의 설계와 개발 과정 또는 이후에 발생된 변경사항을 요구사항의 적합성에 부정적 영향이 없음을 보장하는데 필요한 정도까지 식별, 검토 및 관리하여야 한다.

조직은 다음 사항에 대한 문서화된 정보를 보유하여야 한다.

a) 설계와 개발 변경
b) 검토 결과
c) 변경의 승인
d) 부정적 영향을 예방하기 위해 취한 조치

•• **요구사항의 취지**

조직이 제품 및 서비스의 설계 및 개발 시 검토해야 할 사항을 정의하여 관리하라.
예) 1. 설계 및 개발 계획서 작성
    1) 신규개발   2) 기존 제품의 변경   3) 외주개발   4) 혼합

2. 설계 및 개발 검토 : 내부 및 외부 전문가를 통한 "품평회" 등

3. 설계 및 개발 검증 : "시제품" 제작 등

4. 타당성 활동(실현성 활동) : 실제 사용 조건하에서 실시

5. 개발 과정을 통하여 발생 된 문제점은 개발 및 설계에 반영

•• 주요 체크포인트

1. 설계 및 개발 계획서 작성 시 규격 요구사항을 반영 하였는가?

2. 설계와 개발 검토, 검증, 실현성 확인에서 도출된 문제점은 설계 및 개발 내용에 반영 하였는가?

3. 실현성 확인은 실제 사용 조건하에서 실시되었는가?

4. 제품 및 서비스의 설계와 개발 이후의 공급을 보장하기 위한 후속 자료는 정리되고 있는가?

5. 설계 및 개발 변경에 대한 승인은 권한 있는 자에 의해 이루어지고 있는가?

6. 프로세스가 계획대로 실행되었다는 문서화된 정보는 무엇인가?

≡ 증빙

설계 및 개발 계획서, 설계 및 개발 검토(검증)서, 설계 및 개발 검토(검증) 체크리스트, 설계 및 개발 변경 협의서, 도면 관리대장 등

8.4 외부에서 제공되는 프로세스, 제품 및 서비스의 관리

8.4.1 일반사항

조직은 외부에서 제공되는 프로세스, 제품 및 서비스가 요구사항에 적합함을 보장하여야 한다.

조직은 다음의경우, 외부에서 제공되는 프로세스, 제품 및 서비스에 적용할 관리방법을 결정하여야 한다.

a) 외부공급자의 제품 및 서비스가 조직 자체의 제품 및 서비스에 포함되도록 의도한 경우
b) 제품 및 서비스가 조직을 대신한 외부공급자에 의해 고객에게 직접 제공되는 경우
c) 프로세스 또는 프로세스 일부가 조직에 의한 결정의 결과로, 외부공급자에 의해 제공된 경우

조직은 요구사항에 따라 프로세스 또는 제품 및 서비스를 공급할 수 있는 능력을 근거로, 외부공급자의 평가, 선정, 성과 모니터링 및 재평가에 대한 기준을 결정하고 적용하여야 한다. 또한 조직은 이들 활동에 대한, 그리고 평가를 통해 발생한 모든 필요한 조치에 대한 문서화된 정보를 보유하여야 한다.

8.4.2 관리의 유형과 정도(extent)

조직은 외부에서 제공되는 프로세스, 제품 및 서비스가, 적합한 제품 및 서비스를 고객에게 일관되게 인도하는 조직의 능력에 부정적인 영향을 미치지 않음을 보장하여야 한다.

조직은 다음 사항을 수행하여야 한다.

a) 외부에서 제공되는 프로세스가 조직의 품질경영시스템 관리 내에서 유지됨을 보장

b) 외부공급자에게 적용하기로 한 관리와 결과로 나타나는 출력에 적용하기로 한 관리 모두를 규정

c) 다음에 대한 고려

　1) 고객 요구사항과 법적 및 규제적 요구사항을 일관되게 충족시켜야 하는 조직의 능력에 미치는, 외부에서 제공되는 프로세스, 제품 및 서비스의 잠재적 영향

　2) 외부공급자에 의해 적용되는 관리의 효과성

d) 외부에서 제공되는 프로세스, 제품 및 서비스가 요구사항을 충족시킴을 보장하기 위하여 필요한 검증 또는 기타 활동의 결정

8.4.3 외부공급자를 위한 정보

조직은 외부공급자와 의사소통하기 이전에 요구사항이 타당함/충분함(adequacy)을 보장하여야 한다.

조직은 다음 사항에 대한 조직의 요구사항을 외부공급자에게 전달하여야 한다.

a) (외부공급자가) 제공하는 프로세스, 제품 및 서비스

b) 다음에 대한 승인

　1) 제품 및 서비스

　2) 방법, 프로세스 및 장비

　3) 제품 및 서비스의 불출(release)

c) 요구되는 관련 모든 인원의 자격을 포함한 역량/적격성

d) 조직과 외부공급자의 상호 작용

e) 외부공급자의 성과에 대하여 조직이 적용하는 관리 및 모니터링

f) 조직 또는 조직의 고객이 외부공급자의 현장에서 수행하고자 하는 검증 또는 실현성 확인 활동

ᐧᐧ **요구사항의 취지**

조직은 프로세스, 제품 및 서비스의 공급 업체의 공급능력을 근거로 업체를 평가 선정하고, 모니터링 및 측정, 재평가 통하여 업체를 관리하라. 공급받는 프로세스, 제품 및 서비스는 공급되는 프로세스 기준에 적합한 방법으로 관리하라.

ᐧᐧ **주요 체크포인트**

1. 조직은 외부공급자를 평가하여 선정하고 계획된 주기로 재평가되고 있는가?
2. 업체에서 공급되는 프로세스, 제품 및 서비스는 기준에 따라 평가되고 있는가?
3. 프로세스가 계획대로 실행되었다는 문서화된 정보는 무엇인가?

≡ **증빙**

공급업체 실태조사서, 협력업체 관리대장, 신규업체 평가표, 협력업체 정기평가표, 구매요청서, 발주서, 공급 계약서, 수입검사 기준서, 수입검사 성적서, 출하검사 기준서, 출하검사 성적서 등

8.5 생산 및 서비스 제공

8.5.1 생산 및 서비스 제공의 관리

조직은 제품 및 서비스 제공을 관리되는 조건하에서 실행하여야 한다.
관리되는 조건에는 해당되는 경우, 다음 사항이 포함되어야 한다.

a) 다음을 규정하는 문서화된 정보의 가용성
   1) 생산되어야 하는 제품의, 제공되어야 하는 서비스의 또는 수행되어야 하는 활동의 특성
   2) 달성되어야 하는 결과
b) 적절한 모니터링 자원 및 측정 자원의 가용성 및 활용
c) 프로세스 또는 출력의 관리에 대한 기준 그리고 제품 및 서비스에 대한 합격 판정 기준이 충족되었음을 검증하기 위하여, 적절한 단계에서 모니터링 및 측정 활동의 실행
d) 프로세스 운용을 위한 적절한 기반구조 및 환경의 활용
e) 요구되는 모든 자격을 포함하여, 역량이 있는 인원의 선정
f) 결과로 나타난 출력이, 후속되는 모니터링 또는 측정에 의해 검증될 수 없는 경우, 생산 및 서비스 제공을 위한 프로세스의 계획된 결과를 달성하기 위한 능력의 실현성 확인 및 주기적 실현성 재확인
g) 인적 오류를 예방하기 위한 조치의 실행
h) 불출, 인도 및 인도 후 활동의 실행

8.5.2 식별과 추적성

조직은 제품 및 서비스의 적합성을 보장하기 위하여 필요한 경우, 출력을 식별하기 위하여 적절한 수단을 활용하여야 한다.

조직은 생산 및 서비스 제공 전체에 걸쳐 모니터링 및 측정 요구사항에 관한 출력의 상태를 식별하여야 한다.

추적성이 요구사항인 경우, 조직은 출력의 고유한 식별을 관리하여야 하며, 추적이 가능하기 위하여 필요한 문서화된 정보를 보유하여야 한다.

8.5.3 고객 또는 외부공급자의 재산

조직은 조직의 관리하에 있거나, 조직이 사용중에 있는 고객 또는 외부공급자의 재산에 대하여 주의를 기울여야 한다. 조직은 제품 및 서비스에 사용되거나 포함되도록 제공된 고객 또는 외부공급자의 재산을 식별, 검증, 보호 및 안전하게 유지하여야 한다.

고객 또는 외부공급자의 재산이 분실, 손상 또는 사용하기에 부적절한 것으로 판명된 경우, 조직은 고객 또는 외부공급자에게 이를 통보하여야 하며, 발생한 사항에 대해 문서화된 정보를 보유하여야 한다.

> **비고** 고객 또는 외부공급자의 재산에는 자재, 부품, 공구 및 장비, 고객 부동산, 지적 소유권 및 개인 정보가 포함될 수 있다.

8.5.4 보존

조직은 요구사항에 적합함을 보장하기 위해 필요한 정도까지, 생산 및 서비스를 제공하는 동안 출력을 보존하여야 한다.

> **비고** 보존에는 식별, 취급, 오염관리, 포장, 보관, 전달 또는 수송 및 보호가 포함될 수 있다.

8.5.5 인도 후 활동

조직은 제품 및 서비스에 연관된 인도 후 활동에 대한 요구사항을 충족하여야 한다. 조직은 요구되는 인도 후 활동에 관한 정도를 결정할 때, 다음 사항을 고려하여야 한다.

a) 법적 및 규제적 요구사항
b) 제품 및 서비스와 관련한 잠재적으로 원하지 않은 결과
c) 제품 및 서비스의 성질, 용도 및 계획수명
d) 고객 요구사항
e) 고객 피드백

> **비고** 인도 후 활동에는 보증 규정에 따른 조치, 정비 서비스와 같은 계약상 의무사항 그리고 재활용이나 최종 폐기와 같은 보충적인 서비스가 포함될 수 있다.

8.5.6 변경관리

조직은 생산 또는 서비스 제공에 대한 변경을, 요구사항과의 지속적인 적합성을 보장하기 위하여 필요한 정도까지 검토하고 관리하여야 한다.

조직은 변경에 대한 검토의 결과, 변경 승인자 및 검토 결과 도출된 필요한 모든 조치사항을 기술한 문서화된 정보를 보유하여야 한다.

•• **요구사항의 취지**

조직에서 제공하는 제품 및 서비스에 대한 관리기준을 마련하여 관리하라.

1. 생산 및 서비스 관리 : 4M(Man, Machine, Material, Method)을 관리하라.

2. 식별 및 추적성

    1) 식별 : 부적합품이 적합 제품 및 서비스에 혼용되는 걸 방지하기 위하여 제품 및 서

비스 제공에 따른 단계별로 제품(원자재) 및 서비스에 이름표를 붙여 제품 및 서비스를 관리하라.

　2) 추적성 : 제품(원자재) 및 서비스가 어느 제품 및 서비스에 투입 되었는지(생산 일지 등), 또한 어느 고객에게 인도 되었는지(고객정보) 관리하라.

3. 고객 및 외부공급자 재산 : 고객 자산도 우리 자산처럼 관리하라.

고객자산이 분실 손상 또는 사용하기에 부적절한 것으로 판명된 경우, 이를 고객에게 보고하고 문서화된 정보를 보유하라(공문 등 관련 자료).

4. 보존 : 제품(원자재) 및 서비스를 제공 또는 보관하는 경우 제품 및 서비스에 손상이 가지 않도록 관리하라.

　1) 제품 및 서비스의 식별방법, 취급 절차 등의 기준 결정

　2) 보관과 관련하여 장소 확보, 제품 입출고 절차 수립, 온습도 관리 방법 등을 결정

　3) 제품의 포장 등 보호 방법, 인도 방법 등을 결정

　4) 원자재가 조직에 입고되는 시점부터 제품이 고객에게 인도될 때까지의 모든 과정을 관리

5. 인도 후 활동 : 인도 후 활동에 대한 요구사항을 관리 하라(제조물 책임법, 리콜 등).

6. 변경관리 : 생산 및 서비스 제공에 대한 변경을 검토하고 관리하라.

　1) 고객의 요구사항과 생산 및 서비스 제공 적합성을 보장하기 위해 변경관리

　2) 변경사항 발생 시에는 변경 승인자, 검토 결과와 조치사항을 문서화된 정보로 보유

•• 주요 체크포인트

1. 생산 및 서비스 제공 관리 시 문서화된 정보가 마련되어 있는가?

2. 제품 및 서비스 제공 관리 시 적절한 모니터링 및 측정 장비가 사용되고 있는가?

3. 생산 및 서비스 제공 관리 시 적절한 단계에서 모니터링 및 측정이 실행되고 있는가?

4. 프로세스 운용을 위한 적절한 기반구조 및 환경이 활용되고 있는가?

5. 생산 및 서비스 제공 관리 시 자격을 포함한 역량 있는 인원이 선정되어 있는가?

6. 생산 및 서비스 제공 관리 시 실현성 확인이 필요한 경우 주기적으로 실현성 확인이 이루어지고 있는가?

7. 인적 오류를 예방하기 위한 조치는 실행되고 있는가?

8. 제품 및 서비스의 식별 및 추적성 프로세스가 실행되고 있는가?

9. 외부공급자 재산에 대한 관리가 되고 있는가?

10. 제품 및 서비스의 인도 후 활동은 제품 및 서비스 요구사항 절차에 따라 관리되고 있는가?

11. 변경 관리에 대해서는 생산 및 서비스 절차에 따라 변경관리가 되고 있는가?

12. 프로세스가 계획대로 실행되었다는 문서화된 정보는 무엇인가?

≣ **증빙**

제조/QC 공정도, 작업일보, 작업표준서, 작업지시서, 연간생산 계획 및 실적, 월간생산 계획 및 실적, 설비 가동율 실적, 공정검사 성적서, 제품검사 기준서, 고객재산 관리대장, 자재 점검일지, 자재 수불대장, 완제품 점검일지, 변경 점 관리대장 등

8.6 제품 및 서비스의 불출/출시(release)

조직은 제품 및 서비스 요구사항이 충족되었는지 검증하기 위하여, 적절한 단계에서 계획된 결정사항을 실행하여야 한다. 계획된 결정사항이 만족스럽게 완료될 때까지, 제품 및 서비스는 고객에게 불출되지 않아야 한다. 다만, 관련 권한을 가진 자가 승인하고, 고객이 승인한 때(해당되는 경우)에는 불출할 수 있다.

조직은 제품 및 서비스의 불출에 관련된 문서화된 정보를 보유하여야 한다. 문서화된 정보에는 다음 사항이 포함되어야 한다.

a) 합격 판정기준에 적합하다는 증거
b) 불출을 승인한 인원에 대한 추적성

•• 요구사항의 취지

조직은 공급하는 제품 및 서비스의 출하 관리기준을 마련하여 관리해야 하며 기준을 벗어난 경우에는 불출하지 마라.

•• 주요 체크포인트

1. 제품 및 서비스의 불출에 대한 합격판정 기준이 수립되어 있는가?
2. 제품 및 서비스 불출의 승인권자는 지정되어 있는가?
3. 프로세스가 계획대로 실행되었다는 문서화된 정보는 무엇인가?

≡ 증빙

출하 관리대장, 출하검사 기준서, 출하검사 성적서(검사자 날인 확인) 등

8.7 부적합 출력/산출물(output)의 관리

8.7.1 조직은 의도하지 않은 사용 또는 인도를 방지하기 위하여, 제품 요구사항에 적합하지 않은 출력이 식별되고 관리됨을 보장하여야 한다.

조직은 부적합 성질(nature)에 그리고 제품 및 서비스의 적합성에 대하여 부적합이 미치는 영향에 따라 적절한 조치를 취하여야 한다.

이것은 제품의 인도 후 그리고 서비스의 제공 중 또는 제공 후에 발견된 제품 및 서비스의 부적합에도 적용된다.

조직은 부적합 출력을 다음의 하나 또는 그 이상의 방법으로 처리하여야 한다.

a) 시정
b) 제품 및 서비스 제공의 격리, 봉쇄/억제, 반품 또는 정지
c) 고객에게 통지
d) 특채에 의해 인수를 위한 승인의 획득

부적합 출력이 조치되는 경우, 요구사항에 대한 적합성이 검증되어야 한다.

8.7.2 조직은 다음의 문서화된 정보를 보유하여야 한다.

a) 부적합에 대한 기술
b) 취해진 조치에 대한 기술
c) 승인된 특채에 대한 기술
d) 부적합에 관한 활동을 결정하는 책임의 식별

•• 요구사항의 취지

조직에서 공급하는 제품 및 서비스가 의도하지 않은 사용을 방지하기 위한 관리를 하라.

•• 주요 체크포인트

1. 부적합 출력물은 관리 절차에 따라 식별 및 관리되고 있는가?
2. 부적합품은 별도 보관 장소에 식별 조치 되고 있는가 ?
3. 부적합에 대한 기술, 취해진 조치 등이 문서화 되어 있는가?
4. 특채는 승인권자가 승인을 했는가? 승인권자는 누구인가?
5. 부적합에 관한 활동을 결정하는 책임은 누구에게 있는가?
6. 프로세스가 계획대로 실행되었다는 문서화된 정보는 무엇인가?

≡ 증빙

부적합 보고서, 부적합 관리대장, 특채 관리대장, 재작업 관리대장 등

9. 성과 평가

9.1 모니터링, 측정, 분석 및 평가

9.1.1 일반사항

조직은 다음 사항을 결정하여야 한다.

a) 모니터링 및 측정의 대상
b) 유효한 결과를 보장하기 위하여, 필요한 모니터링, 측정, 분석 및 평가에 대한 방법
c) 모니터링 및 측정 수행 시기
d) 모니터링 및 측정의 결과에 대한 분석 및 평가 시기

조직은 품질경영시스템의 성과 및 효과성을 평가하여야 한다.

조직은 결과의 증거로, 적절한 문서화된 정보를 보유하여야 한다.

9.1.2 고객만족

조직은 고객의 니즈 및 기대가 어느 정도 충족되었는지에 대한 고객의 인식을 모니터링 하여야 한다. 조직은 이 정보를 수집, 모니터링 및 검토하기 위한 방법을 결정하여야 한다.

비고   고객인식에 대한 모니터링의 사례에는 고객 설문조사, 인도된 제품 또는 서비스에 대한 고객피드백, 고객과의 미팅, 시장점유율 분석, 고객의 칭찬, 보증 클레임 그리고 판매업자 보고서가 포함될 수 있다.

9.1.3 분석 및 평가

조직은 모니터링 및 측정에서 나온 적절한 데이터와 정보를 분석하고, 평가하여야 한다.
분석의 결과는 다음 사항의 평가를 위하여 사용되어야 한다.

a) 제품 및 서비스의 적합성
b) 고객 만족도
c) 품질경영시스템의 성과 및 효과성
d) 기획의 효과적인 실행 여부
e) 리스크와 기회를 다루기 위하여 취해진 조치의 효과성
f) 외부공급자의 성과
g) 품질경영시스템의 개선 필요성

비고   데이터 분석 방법에는 통계적인 기법이 포함될 수 있다.

•• 요구사항의 취지

조직은 품질경영시스템의 성과 및 효과성을 모니터링 및 측정 등을 통하여 분석, 평가하라.

•• 주요 체크포인트

1. 모니터링 및 측정 대상, 방법, 지표, 시기, 분석 시기 등은 결정되어 있는가?
2. 모니터링, 측정 및 평가는 절차에 의해 실행되고 있는가?
3. 고객만족에 대한 모니터링 및 측정은 실행되고 있는가?
4. 고객만족에 대한 정보 획득 시 데이터 활용을 위한 조사항목의 일관성이 유지되고 있는가?
5. 모니터링 및 측정에 대한 분석과 평가는 적절한 데이터와 정보를 활용하고 있는가?
6. 프로세스가 계획대로 실행되었음을 확인할 수 있는 문서화된 정보는 무엇인가?

≡ 증빙

연간 성과지표 관리대장, 고객만족도 조사서, 고객만족도 평가서 등

9.2 내부심사

9.2.1 조직은 품질경영시스템이 다음 사항에 대한 정보를 제공하기 위하여, 계획된 주기로 내부심사를 수행하여야 한다.

a) 다음 사항에 대한 적합성 여부
   · 품질경영시스템에 대한 조직 자체 요구사항
   · 이 표준의 요구사항
b) 품질경영시스템이 효과적으로 실행되고 유지되는지 여부

9.2.2 조직은 다음 사항을 실행하여야 한다.

a) 주기, 방법, 책임, 요구사항의 기획 및 보고를 포함하는, 심사 프로그램의 계획, 수립, 실행 및 유지 그리고 심사프로그램에는 관련 프로세스의 중요성, 조직에 영향을 미치는 변경, 그리고 이전심사 결과가 고려되어야 한다.
b) 심사기준 및 개별 심사의 적용 범위에 대한 규정
c) 심사 프로세스의 객관성 및 공평성을 보장하기 위한 심사원 선정 및 심사 수행
d) 심사결과가 관련 경영자에게 보고됨을 보장
e) 과도한 지연 없이 적절한 시정 및 시정조치 실행
f) 심사 프로그램의 실행 및 심사 결과의 증거로 문서화된 정보의 보유

비고   가이던스로서 KS Q ISO 19011 참조

•• 요구사항의 취지

조직의 품질경영시스템과 관련된 요구사항과 조직 자체의 요구사항을 계획된 주기로 내부 심사를 통하여 점검하라.

••주요 체크포인트

1. 조직의 내부심사는 절차에 따라 실시하였는가?
2. 조직의 내부심사는 언제 실시하였는가?
3. 조직의 내부심사 조치사항은 무엇인가?
4. 내부심사원에 대한 평가기준이 마련되고, 평가 실행, 등록이 되어있는가?
5. 등록된 내부심사원이 심사를 실시하였는가?
6. 객관성과 공평성을 위하여 관련 업무 수행자는 심사에서 배제되어 있는가?
7. 프로세스가 계획대로 실행되었음을 확인할 수 있는 문서화된 정보는 무엇인가?

≡ 증빙

연간 내부심사 계획서, 내부심사실시 통보서, 내부심사 체크리스트, 내부심사 결과보고서, 시정조치 요구서, 시정조치 관리대장, 내부심사원 평가기준, 내부심사원 평가서, 내부심사원 등록대장 등

9.3 경영검토/경영평가(management review)

9.3.1 일반사항

최고경영자는 조직의 전략적 방향에 대한 품질경영시스템의 지속적인 적절성, 충족성, 효과성 및 정렬성을 보장하기 위하여 계획된 주기로 조직의 품질경영시스템을 검토하여야 한다.

9.3.2 경영검토 입력사항

경영검토는 다음 사항을 고려하여 계획되고 수행되어야 한다.

a) 이전 경영검토에 따른 조치의 상태
b) 품질경영시스템과 관련된 외부 및 내부 이슈의 변경
c) 다음의 경향을 포함한 품질경영시스템의 성과 및 효과성에 대한 정보
   1) 고객만족 및 관련 이해관계자로부터의 피드백
   2) 품질목표의 달성 정도
   3) 프로세스 성과 그리고 제품 및 서비스의 적합성
   4) 부적합 및 시정조치
   5) 모니터링 및 측정 결과
   6) 심사결과
   7) 외부공급자의 성과
d) 자원의 충족성
e) 리스크와 기회를 다루기 위하여 취해진 조치의 효과성(6.1 참조)
f) 개선 기회

9.3.3 경영검토 출력사항

경영검토의 출력사항에는 다음 사항과 관련된 결정과 조치가 포함되어야 한다.

a) 개선 기회
b) 품질경영시스템 변경에 대한 모든 필요성
c) 자원의 필요성

조직은 경영검토 결과의 증거로, 문서화된 정보를 보유하여야 한다.

•• **요구사항의 취지**

조직의 전략적 방향에 대한 품질경영시스템의 지속적인 적절성, 충족성, 효과성 및 정렬성을 보장하기 위하여 계획된 주기로 조직의 품질경영 시스템을 검토하라.

•• **주요 체크포인트**

1. 경영검토는 절차에 따라 적절하게 실시되었는가?
2. 경영검토는 언제 실시하였는가?
3. 경영검토는 경영검토 입력사항을 반영하고 있는가?
4. 경영검토는 경영검토 출력사항을 반영하고 있는가?
5. 프로세스가 계획대로 실행되었다는 문서화된 정보는 무엇인가?

≡ **증빙**

경영검토 회의록, 경영검토서 등

10. 개선

10.1 일반사항

조직은 개선 기회를 결정하고 선택하여야 하며, 고객 요구사항을 충족시키고 고객 만족을 증진시키기 위하여 필요한 모든 조치를 실행하여야 한다.

조치에는 다음 사항이 포함되어야 한다.

a) 요구사항을 충족시키기 위한 것뿐만 아니라, 미래의 니즈와 기대를 다루기 위한 제품 및 서비스의 개선
b) 시정, 예방 또는 바람직하지 않는 영향의 감소
c) 품질경영시스템의 성과 및 효과성 개선

비고　개선의 사례에는 시정, 시정조치, 지속적 개선, 획기적인 변화, 혁신 및 조직 개편이 포함될 수 있다.

•• 요구사항의 취지

조직은 개선 기회를 결정 및 선택하고 고객의 요구사항 충족과 고객만족을 증진하기 위한 필요한 조치를 실행하라.

•• 주요 체크포인트

1. 고객 요구사항을 충족시키고 고객만족을 증진시키기 위하여 개선절차에 따라 개선 활동이 실행되고 있는가?

≡ 증빙

개선 추진 실적보고서, 개선기회 보고서, 데이터 분석자료 등

10.2 부적합 및 시정조치

10.2.1 불만족에서 야기된 모든 것을 포함하여 부적합이 발생하였을 때, 조직은 다음 사항을 실행하여야 한다.

a) 부적합에 대처하여야 하며 해당되는 경우, 다음 사항이 포함되어야 한다.
  1) 부적합을 관리하고 시정하기 위한 조치를 취함
  2) 결과를 처리함
b) 부적합이 재발하거나 다른 곳에서 발생하지 않게 하기 위해서, 부적합의 원인을 제거하기 위한 조치의 필요성을 다음 사항에 의하여 평가하여야 한다.
  1) 부적합의 검토와 분석
  2) 부적합 원인의 결정
  3) 유사한 부적합의 존재 여부 또는 잠재적인 발생 여부 결정
c) 필요한 모든 조치의 실행
d) 취해진 모든 시정조치의 효과성 검토
e) 필요한 경우, 기획 시 결정된 리스크와 기회의 갱신
f) 필요한 경우, 품질경영시스템의 변경

시정조치는 직면한 부적합의 영향에 적절하여야 한다.

10.2.2 조직은 다음 사항의 증거로, 문서화된 정보를 보유하여야 한다.

a) 부적합의 성질 및 취해진 모든 후속조치
b) 모든 시정조치의 결과

•• 요구사항의 취지

불만족에서 야기된 사항에 대하여 부적합의 근본 원인 분석, 수평전개(규모확인), 방지대책 수립, 효과성 평가, 경영시스템 변경 등을 통하여 관리하라.

•• 주요 체크포인트

1. 부적합이 발생한 경우 시정조치가 실행되고 결과가 처리되고 있는가?

2. 재발방지 대책을 위한 부적합의 원인분석, 방지 대책 수립 및 실행, 효과성 검토, 필요 시 경영시스템 변경 등은 이루어지고 있는가?

3. 프로세스가 계획대로 실행되었다는 문서화된 정보는 무엇인가?

≡ 증빙

시정조치 요구서, 시정조치 요구 관리대장 등

10.3 지속적 개선

> 조직은 품질경영시스템의 적절성, 충족성 및 효과성을 지속적으로 개선하여야 한다.
>
> 조직은 지속적 개선의 일부로서 다루어야 할 니즈 또는 기회가 있는지를 결정하기 위하여, 분석 및 평가의 결과 그리고 경영검토의 출력사항을 고려하여야 한다.

•• 요구사항의 취지

조직은 품질경영시스템의 적절성, 충족성 및 효과성을 지속적으로 개선하라.

•• 주요 체크포인트

1. 조직은 품질경영시스템의 적절성, 충족성 및 효과성을 지속적으로 개선하고 있는가?
2. 지속적 개선을 위한 수집된 데이터의 분석 및 평가가 이루어지고 있는가?

≡ 증빙

개선 추진계획서 등

제2장

품질경영 시스템 구축 실무

1. ISO 품질경영시스템 매뉴얼
2. ISO 품질경영시스템 절차서
3. ISO 품질경영시스템 양식

1. ISO 품질경영시스템 매뉴얼

(주)이큐	품질경영 매뉴얼	문서번호	EQ-M-001
		제 정 일	20XX. XX. XX
		개 정 일	20XX. XX. XX
	표 지	개정번호	01
		PAGE	1 / 1

주식회사 이큐

구분	작성	검토			승인
날짜					
이름					
서명					

(주)이큐	품질경영 매뉴얼	문서번호	EQ-M-001
		제 정 일	20XX. XX. XX
		개 정 일	20XX. XX. XX
	1. 목차 및 개정이력	개정번호	01
		PAGE	1 / 1

목차

장	제목	개정번호
	ISO 9001:2015	
1	목차 및 개정이력	01
2	적용 범위 및 용어의 정의	01
3	방침/조직/프로세스	01
4	조직 상황	01
5	리더쉽	01
6	기획	01
7	지원	01
8	운영	01
9	성과 평가	01
10	개선	01

개정 번호	개정 일자	개정 내용
00 01	20XX.XX.XX 20XX.XX.XX.	제정 기존 시스템에서 ISO 9001:2015 도입에 따른 적합한 품질경영시스템으로의 전환

1. 일반사항

1.1 본 매뉴얼은 고객 및 이해관계자 요구사항 그리고 ISO 9001:2015 요구사항 대한 적합성 및 효과성을 확보하고 품질경영시스템의 지속적인 개선을 통하여 고객 및 이관계자 만족을 증진시키고자 수립되었다.

1.2 본 매뉴얼은 상기 1.1요구사항의 핵심요소와 당사의 품질경영 관련 프로세스/문서와의 상호관계를 기술한 최상위 문서로써 당사 품질경영시스템의 근간이 되며, 하위 문서와 상충사항이 발생될 경우에는 본 매뉴얼이 우선한다.

2. 적용 범위

2.1 본 매뉴얼은 당사의 다음 사업장의 품질경영시스템에 대하여 적용한다.

2.1.1 본사 : 서울시 노원구 석계로 ○○○○

공장 : 경북 구미시 공단동 ○○○○

제품 및 활동 : (예)반도체 제조설비 및 부품에 대한 설계, 개발, 생산, 및 서비스

3. 용어의 정의

· 조직상황 : 조직의 목표 달성과 개발에 대한 조직의 접근법에 영향을 줄 수 있는 내부 및 외부 이슈의 조합

· 이해관계자 : 의사결정 또는 활동에 영향을 줄 수 있거나, 영향을 받을 수 있거나 또는 그들 자신이 영향을 받는다는 인식을 할 수 있는 사람 또는 조직

· 의사소통(Communication) : 조직의 구성원들 간의 생각이나 감정 등을 교환하는 총체적인 행위

· 외주처리(하다) : 조직의 기능 또는 프로세스의 일부를 외부 조직이 수행하도록 계약하는 것을 말한다.

· 심사 : 심사기준에 충족되는 정도를 결정하기 위하여 심사증거를 수집하고 평가하기 위한 체계적이고 독립적이며 문서화된 프로세스

· 모니터링 : 시스템, 프로세스 또는 활동의 상황을 결정하는 것

· **고객 요구사항** : 고객의 명시적인 니즈 또는 기대, 일반적으로 묵시적이거나 의무적인 요구 또는 기대

· **문서화된 정보(documented information)** : 조직에 의해 관리되고 유지되도록 요구되는 정보 및 정보가 포함되어 있는 매체

· **품질(Quality)** : 고객에 의해 규정된 요구사항

· **품질경영(Quality Mamagement)** : 작업 결과 또는 서비스가 주어진 품질 요건을 만족시킬 것이라는 적절한 신뢰감을 주는데 필요한 계획적이고 체계적인 활동을 말한다.

· **경영시스템** : 목표 달성을 위한 방침 및 목표 그리고 프로세스 수립을 위해 조직의 상호 관련되거나 상호 작용하는 요소의 집합으로 품질, 환경, 안전보건 통합 경영시스템을 말한다.

· **참여(Participation)** : 의사결정 과정에의 참여(Involvement)

· **협의(Consultation)** : 의사결정을 내리기 전에 의견을 구함

· **계약자(Contractor)** : 합의된 계약서, 규정 및 조건에 따라 조직에 서비스를 제공하는 외부 조직

본 매뉴얼에서 사용하는 용어는 "ISO 9001:2015" 정의된 용어를 사용하며 정의되지 않은 용어는 관련법규 및 당사의 제 규정 또는 규칙에서 규정된 정의를 준용한다.

1. 조직도(예)

2. 품질방침 및 목표(예)

품 질 방 침

품질을 최우선으로 합리적인 가격과 적기공급으로 고객만족을 실현하며, 기술력을 배양하고, 고객의 요구에 한걸음 다가가는 최상의 품질경영시스템을 구축하여 고객이 먼저 찾는 조직을 이룩한다.

품 질 목 표

· 품질
· 가격
· 납기
· 기술력

XXXX. XX. XX.

주식회사 이큐

대표이사 홍길동

3. 프로세스맵

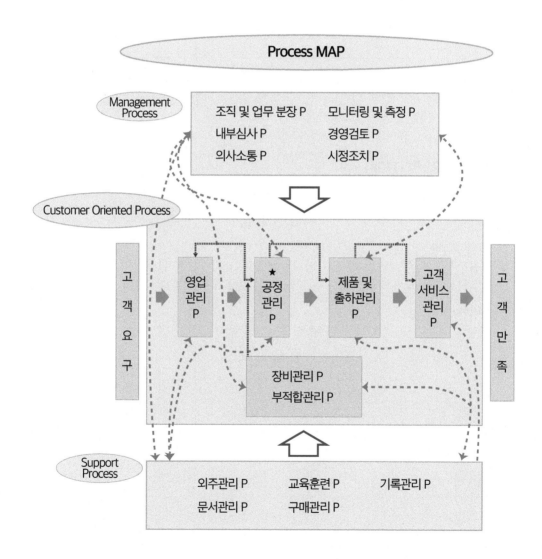

4. 문서목록

본 매뉴얼을 아래와 같은 국제규격의 요구사항을 적용하여 작성하였다.

요구사항	관련 절차서
4. 조직상황	
4.1 조직과 조직상의 이해	EQP-0401 조직상황관리 절차서
4.2 이해관계자의 니즈와 기대 이해	
4.3 품질경영시스템 적용 범위 결정	EQP-0402 적용 범위관리 절차서
4.4 품질경영시스템과 그 프로세스	
5. 리더십	
5.1 리더십과 의지표명	EQP-0501 리더십관리 절차서
5.2 방침	EQP-0502 방침 관리 절차서
5.3 조직의 역할, 책임과 권한	EQP-0503 책임과 권한관리 절차서
6. 기획	
6.1 리스크와 기회를 다루는 조치	EQP-0601 리스크 및 기회 관리 절차서
6.2 목표 및 목표달성 기획	EQP-0602 목표관리 절차서
6.3 변경의 기획	
7. 지원	
7.1 자원	EQP-0701 자원관리 절차서
7.2 역량/적격성	EQP-0702 인적자원관리 절차서
7.3 인식	
7.4 의사소통	EQP-0703 의사소통 절차서
7.5 문서화된 정보	EQP-0704 문서관리 절차서

8. 운용	
8.1 운용 기획 및 관리	EQP-0801 운용 기획 및 관리 절차서
8.2 제품 및 서비스 요구사항	EQP-0802 제품 및 서비스 요구사항 관리 절차서
8.3 제품 및 서비스의 설계와 개발	EQP-0803 설계와 개발관리 절차서
8.4 외부에서 제공되는 프로세스, 제품 및 서비스의 관리	EQP-0804 외부공급자 관리 절차서
8.5 생산 및 서비스 제공	EQP-0805 생산 및 서비스관리 절차서
8.6 제품 및 서비스의 불출/출시(Release)	
8.7 부적합 출력/산출물(Output)의 관리	EQP-0806 부적합 출력물 관리
9. 성과측정	
9.1 모니터링, 측정, 분석 및 평가	EQP-0901 모니터링, 측정, 분석 및 평가관리 절차서
9.2 내부심사	EQP-0902 내부심사 절차서
9.3 경영검토/경영평가	EQP-0903 경영검토 절차서
10. 개선	
10.1 일반사항	EQP-1001 개선관리 절차서
10.2 부적합 및 시정조치	
10.3 지속 개선	

(주)이큐	품질경영 매뉴얼	문서번호	EQ-M-001
		제 정 일	20XX. XX. XX
		개 정 일	20XX. XX. XX
	4. 조직 상황	개정번호	01
		PAGE	1 / 3

1. 조직 및 조직의 상황에 대한 이해

1) 조직은 조직의 목적 및 전략적 방향과 관련이 있는 외부와 내부 이슈를 그리고, 품질경영시스템의 의도된 결과를 달성하기 위한 조직의 능력에 영향을 주는 외부와 내부 이슈를 결정하여야 한다.

2) 조직은 이러한 외부와 내부 이슈에 대한 정보를 모니터링하고 검토하여야 한다.

   (1) 이슈에는 긍정적, 부정적 요인 또는 고려해야 할 조건이 포함될 수 있다.

   (2) 국제적, 국가적, 지역적 또는 지방적이든 법적, 기술적, 경쟁적, 시장, 문화적, 사회적 및 경제적 환경에서 비롯된 이슈를 고려함으로써, 외부 상황에 대한 이해를 용이하게 할 수 있다.

   (3) 조직의 가치, 문화, 지식 및 성과와 관련되는 이슈를 고려함으로써, 내부 상황에 대한 이해를 용이하게 할 수 있다.

2. 이해관계자의 니즈와 기대 이해

1) 고객 요구사항 그리고 적용되는 법적 및 규제적 요구사항을 충족하는 제품 및 서비스를 일관성 있게 제공하기 위한 조직의 능력에 이해관계자가 영향 또는 잠재적 영향을 미치기 때문에, 조직은 다음 사항을 정하여야 한다.

   (1) 품질경영시스템에 관련되는 이해관계자

   (2) 품질경영시스템에 관련되는 이해관계자의 니즈 및 기대(즉, 요구사항)

2) 조직은 이해관계자와 이해관계자 관련 요구사항에 대한 정보를 모니터링하고 검토하여야 한다.

3. 품질경영시스템 적용 범위 결정

1) 조직은 품질경영시스템의 적용 범위를 설정하기 위하여 품질경영시스템의 경계 및 적용 가능성을 정하여야 한다.

2) 품질경영시스템 적용 범위를 정할 때, 조직은 다음 사항을 고려하여야 한다.

   (1) 4.1에 따른 외부와 내부 이슈

   (2) 4.2에 따른 관련 이해관계자의 요구사항

   (3) 조직의 단위, 기능 및 물리적 경계

   (4) 조직의 제품 및 서비스

3) 조직의 품질경영시스템의 정해진 적용 범위 내에서 이 표준의 요구사항이 적용 가능하다면, 조직은 이 표준의 모든 요구사항을 적용하여야 한다.

4) 조직의 품질경영시스템의 적용 범위는 문서화된 정보로 이용 가능하고 유지되어야 한다. 적용 범위에는 포함되는 제품 및 서비스의 형태를 기술하여야 하고, 조직이 그 조직의 품질경영시스템 적용 범위에 포함되지 않는다고 정한 이 표준의 어떤 요구사항이 있는 경우, 그에 대한 정당성을 제시하여야 한다.

5) 적용될 수 없다고 정한 요구사항이, 제품 및 서비스의 적합성 보장과 고객만족 증진을 보장하기 위한 조직의 능력 또는 책임에 영향을 미치지 않는 경우에만, 이 표준에 대한 적합성이 주장될 수 있다.

4. 품질경영시스템 및 그 프로세스

1) 조직은 이 표준의 요구사항에 따라, 필요한 프로세스와 그 프로세스의 상호 작용을 포함하여 품질경영시스템을 수립, 실행, 유지 및 지속적 개선을 하여야 한다. 조직은 품질경영시스템에 필요한 프로세스와 조직 전반에 그 프로세스의 적용을 정해야 하며, 다음 사항을 실행하여야 한다.

   (1) 요구되는 입력과 프로세스로부터 기대되는 출력의 결정

   (2) 프로세스의 순서 및 상호 작용의 결정

(3) 프로세스의 효과적 운용과 관리를 보장하기 위하여 필요한 기준과 방법(모니터링, 측정 및 관련 성과지표를 포함)의 결정과 적용

(4) 프로세스에 필요한 자원의 결정과 자원의 가용성 보장

(5) 프로세스에 대한 책임과 권한의 부여

(6) 6.1의 요구사항에 따라 결정된 리스크와 기회의 조치

(7) 프로세스의 평가, 그리고 프로세스가 의도된 결과를 달성함을 보장하기 위하여 필요한 모든 변경사항의 실행

(8) 프로세스와 품질경영시스템의 개선

2) 조직은 필요한 정도까지 다음 사항을 실행하여야 한다.

(1) 프로세스의 운용을 지원하기 위하여 문서화된 정보를 유지하여야 한다.

(2) 프로세스가 계획대로 수행되고 있다는 확신을 갖기 위하여 문서화된 정보를 보유하여야 한다.

[관련문서]

1. EQP-0401 조직상황 관리 절차서

2. EQP-0402 적용 범위 관리 절차서

1. 리더십과 의지표명

1.1 일반사항

최고경영자는 품질경영시스템에 대한 리더십과 의지표명/실행의지(commitment)을 다음 사항에 의하여 실증하여야 한다.

1) 품질경영시스템의 효과성에 대한 책임(accountability)을 진다.

2) 방침 및 목표가 품질경영시스템을 위하여 수립되고, 조직상황과 전략적 방향에 조화됨을 보장하여야 한다.

3) 품질경영시스템 요구사항이 조직의 비즈니스 프로세스와 통합됨을 보장하여야 한다.

4) 프로세스 접근법 및 리스크 기반 사고의 활용 촉진하여야 한다.

5) 품질경영시스템에 필요한 자원의 가용성 보장하여야 한다.

6) 효과적인 품질경영시스템 운영의 중요성 그리고 품질경영시스템 요구사항과의 적합성에 대한 중요성을 의사소통되어야 한다.

7) 품질경영시스템이 의도한 결과를 달성함을 보장하여야 한다.

8) 품질경영시스템의 효과성에 기여하기 위한 인원을 적극 참여시키고, 지휘하고 지원하여야 한다.

9) 개선을 촉진하여야 한다.

10) 기타 관련 경영자/관리자의 책임 분야에 리더십이 적용될 때, 그들의 리더십을 실증하도록 그 경영자 역할에 대한 지원을 하여야 한다.

11) 품질경영시스템의 의도된 결과를 지원하는 조직의 문화를 개발, 선도 및 촉진하여야 한다.

1.2 고객중시

최고경영자는 다음 사항을 보장함으로써 고객중시에 대한 리더십과 의지표명을 실증하여야 한다.

1) 고객 요구사항과 적용되는 법적 및 규제적 요구사항이 결정되고, 이해되며 일관되게 충족됨

2) 제품 및 서비스의 적합성에 그리고 고객 만족을 증진시키는 능력에 영향을 미칠 수 있는 리스크와 기회가 결정되고 처리되어야 한다.

3) 고객만족 증진의 중시가 유지되어야 한다.

2. 방침

2.1 품질경영시스템 방침의 개발

최고경영자는 다음과 같은 품질경영시스템 방침을 수립, 실행 및 유지하여야 한다.

1) 조직의 목적과 상황에 적절하고 조직의 전략적 방향을 지원 및 조직의 활동 제품 및 서비스의 특성, 규모 그리고 조직의 환경적 영향도 포함되어야 한다.

2) 품질경영시스템 목표의 설정을 위한 틀을 제공하여야 한다.

3) 적용되는 요구사항의 충족에 대한 의지표명을 포함하여야 한다.

4) 품질경영시스템의 지속적 개선의지 표명을 포함하여야 한다.

2.2 품질경영시스템 방침에 대한 의사소통

품질경영시스템 방침은 다음과 같아야 한다.

1) 문서화된 정보로 이용가능하고 유지됨

2) 조직 내에서 의사소통 되고 이해되며 적용됨

3) 해당되는 경우, 관련된 이해관계자에게 이용 가능함

4) 관련되고 적절하여야 한다.

3. 조직의 역할, 책임 및 권한

최고경영자는 품질경영시스템과 관련한 역할에 대한 책임과 권한을 조직 내 모든 계층에 부여하고 의사소통을 하며 문서화된 정보로 유지함을 보장하여야 한다. 최고경영자는 다음 사항에 대하여 책임 및 권한을 부여하여야 한다.

1) 품질경영시스템이 이 표준의 요구사항에 적합함을 보장하여야 한다.

2) 프로세스가 의도된 출력을 도출하고 있음을 보장하여야 한다.

3) 품질경영시스템의 성과와 개선 기회를, 특히 최고경영자에게 보고하여야 한다.

4) 조직 전체에서 고객중시에 대한 촉진을 보장하여야 한다.

5) 품질경영시스템의 변경이 계획되고 실행되는 경우, 품질경영시스템의 온전성 (integrity)이 유지됨을 보장되어야 한다.

[관련문서]

1. EQP-0501 리더십 관리 절차서

2. EQP-0502 방침 관리 절차서

3. EQP-0503 책임과 권한 관리 절차서

1. 리스크와 기회를 다루는 조치

1.1 일반사항

  1) 품질경영시스템을 기획할 때, 조직은 4.1의 이슈와 4.2의 요구사항을 고려하여야 하며, 다음 사항을 위하여 다루어야 할 필요성이 있는 리스크 및 기회를 정하여야 한다.

    (1) 품질경영시스템이 의도된 결과를 달성할 수 있음을 보증

    (2) 바람직한 영향의 증진

    (3) 바람직하지 않은 영향의 예방 또는 감소

    (4) 지속적 개선의 달성

1.2 리스크와 기회를 다루기 위하여 취해진 조치는, 제품 및 서비스의 적합성에 미치는 잠재적 영향에 상응하여야 한다.

1.3 리스크 다루는 방법은 아래 6가지를 참조할 수 있다.

  1) 리스크 회피

  2) 기회를 잡기 위한 리스크 감수

  3) 리스크 요인 제거

  4) 발생 가능성 또는 결과의 변경

  5) 리스크 공유

  6) 정보에 근거한 의사결정에 의한 리스크 유지

1.4 기회는 아래 방안으로 이어질 수 있다.

  1) 새로운 실행방안의 채택

  2) 신제품 출시

  3) 새로운 시장 개척

  4) 신규 고객 창출

5) 파트너십 구축

6) 신기술 활용

7) 조직 또는 고객의 니즈를 다루기 위한 그 밖의 바람직하고 실행 가능한 방안

2. 품질경영시스템 목표와 목표 달성 기획

2.1 조직은 품질경영시스템에 필요한 관련 기능, 계층 및 프로세스 그리고 조직의 리스크와 기회를 고려하여 관련된 기능 및 계층에서 품질경영시스템 목표는 다음과 같이 수립하고, 문서화된 정보를 유지하여야 한다.

1) 품질경영시스템 방침과 일관성이 있어야 한다.

2) 측정 가능하거나 (실행 가능한 경우) 성과 평가가 가능하여야 함

3) 다음 사항을 반영하여야 한다.

　(1) 적용되는 요구사항

　(2) 리스크와 기회의 평가 결과

4) 제품 및 서비스의 적합성과 고객만족의 증진과 관련되어야 한다.

5) 모니터링되어야 한다.

6) 의사소통되어야 한다.

7) 필요에 따라 갱신되어야 한다.

2.2 품질경영시스템 목표를 달성하는 방법을 기획할 때, 조직은 다음 사항을 정하여야 한다.

1) 달성 대상

2) 필요 자원

3) 책임자

4) 완료 시기

5) 결과 평가 방법

3. 변경의 기획

조직이 품질경영시스템의 변경이 필요하다고 정한 경우, 변경은 다음 사항을 고려하여 계획적인 방식으로 수행되어야 한다.

1) 변경의 목적 및 잠재적 결과

2) 품질경영시스템의 온전성

3) 자원의 가용성

4) 책임과 권한의 부여 또는 재부여

[관련문서]

1. EQP-0601. 리스크 및 기회관리 절차서

2. EQP-0602. 목표 관리 절차서

1. 자원

1.1 일반사항

조직은 다음사항을 고려하여 품질경영시스템의 수립, 실행, 유지 및 지속적 개선에 필요한 자원을 정하고 제공하여야 한다.

   1) 기존 내부자원의 능력과 제약사항

   2) 외부공급자로부터 획득할 필요가 있는 것이어야 한다.

1.2 인원

조직은 품질경영시스템의 효과적인 실행 그리고 프로세스의 운용과 관리에 필요한 인원을 정하고 제공하여야 한다.

1.3 기반구조

조직은 프로세스의 운용에 필요한 그리고 제품 및 서비스의 적합성 달성에 필요한 기반구조를 결정, 제공 및 유지하여야 하고 다음 사항이 포함될 수 있다.

   1) 건물 및 관련된 유틸리티

   2) 장비(하드웨어, 소프트웨어 포함)

   3) 운송자원

   4) 정보통신기술

1.4 프로세스 운용 환경

조직은 프로세스 운용에 필요한 그리고 제품 및 서비스의 적합성 달성에 필요한 환경을 결정, 제공 및 유지하여야 한다. 적절한 환경은 다음과 같이 사람과 물리적 요인의 조합이 될 수 있다.

   1) 사회적(예: 비차별, 평온, 비대립)

   2) 심리적(예: 스트레스 완화, 극심한 피로예방, 정서적 보호)

   3) 물리적(예: 온도, 열, 습도, 밝기, 공기흐름, 위생, 소음)

이러한 요인은 제공되는 제품 및 서비스에 따라 상당히 달라질 수 있다.

1.5 모니터링 자원과 측정 자원

1.5.1 일반사항

제품 및 서비스가 요구사항에 대하여 접합한지를 검증하기 위하여 모니터링 또는 측정이 활용되는 경우, 조직은 유효하고 신뢰할 수 있는 결과를 보장하기 위하여 필요한 자원을 정하고 제공하여야 하며 조직은 제공되는 자원이 다음과 같음을 보장하여야 한다.

1) 수행되는 특정 유형의 모니터링과 측정 활동에 적절함을 보장하여야 한다.
2) 자원의 목적에 지속적으로 적합함(fitness)을 보장하도록 유지되어야 한다.
   조직은 모니터링 자원과 측정 자원의 목적에 적합하다는 증거로, 적절한 문서화된 정보를 보유하여야 한다.

1.5.2 측정소급성(traceability)

1) 측정소급성이 요구사항이거나, 조직이 측정 결과의 유효성에 대한 신뢰 제공을 필수적인 부분으로 고려하고 있는 경우, 측정 장비는 다음과 같아야 한다.
   (1) 규정된 주기 또는 사용 전에, 국제 또는 국가 측정 표준에 소급 가능한 측정 표준에 대하여 교정 또는 검증 혹은 두 가지 모두 시행될 것. 그러한 표준이 없는 경우, 교정 또는 검증에 사용된 근거는 문서화된 정보로 보유되어야 한다.
   (2) 측정 장비의 교정 상태를 알 수 있도록 식별되어야 한다.
   (3) 교정상태 및 후속되는 측정 결과를 무효화할 수 있는 조정, 손상 또는 열화로부터 보호되어야 한다.
2) 조직은 측정 장비가 의도한 목적에 맞지 않는 것으로 발견된 경우, 이전 측정 결과의 유효성에 부정적인 영향을 미쳤는지 여부를 규명하고, 필요하다면 적절한 조치를 취하여야 한다.

1.6 조직의 지식

조직은 프로세스 운용에 필요한 그리고 제품 및 서비스의 적합성 달성에 필요한 지식을 정하여야 한다. 이 지식은 유지되고, 필요한 정도까지 이용 가능하여야 한다. 변화하는 니즈와 경향(trend)을 다룰 경우, 조직은 현재의 지식을 고려하여야 하고, 추가로 필요한 모든 지식 및 요구되는 최신 정보의 입수 또는 접근 방법을 정하여야 한다.

    1) 조직의 지식은 조직에게 특정한 지식으로, 일반적으로 경험에 의해 얻어진다. 이는 조직의 목표를 달성하기 위하여 활용되고 공유되는 정보이다.

    2) 조직의 지식은 다음을 기반으로 할 수 있다.

        (1) 내부 출처(예: 지적 재산, 경험에서 얻은 지식, 실패 및 성공한 프로젝트로부터 얻은 교훈, 문서화되지 않은 지식 및 경험의 포착과 공유, 프로세스, 제품 및 서비스에서 개선된 결과)

        (2) 외부 출처(예: 표준, 학계, 컨퍼런스, 고객 또는 외부 공급자로부터 지식 수집)

2. 역량/적격성

조직은 다음 사항을 실행하여야 한다.

1) 품질경영시스템의 성과 및 효과성에 영향을 미치는 업무를 조직의 관리하에 수행하는 인원에 필요한 역량을 결정하여야 한다.

2) 이들 인원이 적절한 학력, 교육훈련 또는 경험에 근거한 역량이 있음을 보장하여야 한다.

3) 적용 가능한 경우, 필요한 역량을 얻기 위한 조치를 취하고, 취해진 조치의 효과성을 평가(교육훈련 제공, 멘토링이나 재배치 실시 또는 역량이 있는 인원의 고용이나 그러한 인원과의 계약 체결 등)

4) 역량의 증거로 적절한 문서화된 정보를 보유하여야 한다.

5) 향상된 성과로부터 오는 이익을 포함하여 품질경영시스템의 효과성에 대한 그들의 기여

3. 인식

조직은 조직의 관리 하에 업무를 수행하는 인원이 다음 사항을 인식하도록 보장하여야 한다.

1) 품질경영시스템 방침

2) 관련된 품질경영시스템 목표

3) 개선된 성과의 이점을 포함하여, 품질경영시스템의 효과성에 대한 자신의 기여

4) 품질경영시스템의 요구사항에 부적합한 경우의 영향 및 잠재적 결과

5) 향상된 성과로부터 오는 이익을 포함하여 품질경영시스템의 효과성에 대한 그들의 기여

4. 의사소통

4.1 일반사항

조직은 의사소통의 니즈를 고려할 때 다양한 측면(예 : 성별, 언어, 문화, 독해 능력, 장애)을 반영하여야 하고 의사소통 프로세스를 수립하는 과정에서 외부 이해관계자의 의견에 대한 고려를 보장하여야 한다. 조직은 다음 사항을 포함하여 품질경영시스템에 관련되는 내부 및 외부 의사소통을 결정하여야 한다.

1) 의사소통 내용

2) 의사소통 시기

3) 의사소통 대상

4) 의사소통 방법

5) 의사소통 담당자

4.2 내부 의사소통

조직은 다음과 같이 내부 의사소통을 하여야 한다.

1) 해당되는 경우(as appropriate) 품질경영시스템의 변경을 포함하여 조직의 다양한 계층과 기능에서 품질경영시스템과 관련된 정보에 대해서 내부적인 의사소통

2) 의사소통 프로세스가 조직의 통제하에 업무를 수행하고 있는 인원이 지속적 개선에 기여할 수 있도록 보장하여야 한다.

4.3 외부 의사소통

조직은 조직의 의사소통 프로세스에서 요구되는 바와 같이 품질경영시스템과 관련된 정보에 대해 외부 의사소통하여야 한다.

5. 문서화된 정보

5.1 일반사항

1) 조직의 품질경영시스템에는 다음 사항이 포함되어야 한다.
   (1) 이 표준에서 요구하는 문서화된 정보
   (2) 품질경영시스템의 효과성을 위하여 필요한 것으로, 조직이 결정한 문서화된 정보
2) 품질경영시스템을 위한 문서화된 정보의 정도는 다음과 같은 이유로 조직에 따라 다를 수 있다.
   (1) 조직의 규모, 그리고 활동, 프로세스, 제품 및 서비스의 유형
   (2) 프로세스의 복잡성과 프로세스의 상호 작용
   (3) 인원의 역량

5.2 작성(creating) 및 갱신

문서화된 정보를 작성하거나 갱신할 경우, 조직은 다음 사항의 적절함을 보장해야 한다.
1) 식별 및 내용(description)(예: 제목, 날짜, 작성자 또는 문서번호)
2) 형식(예: 언어, 소프트웨어 버전, 그래픽) 및 매체(예: 종이, 전자 매체)
3) 적절성 및 충족성에 대한 검토 및 승인

5.3 문서화된 정보의 관리

  1) 품질경영시스템 및 이 표준에서 요구되는 문서화된 정보는 다음 사항을 보장하기 위하여 관리되어야 한다.

   (1) 필요한 장소 및 필요한 시기에 사용 가능하고 사용하기에 적절함

   (2) 충분하게 보호됨(예: 기밀유지 실패, 부적절한 사용 또는 완전성 훼손으로부터)

  2) 문서화된 정보의 관리를 위하여 다음 활동 중 적용되는 사항을 다루어야 한다.

   (1) 배포, 접근, 검색 및 사용

   (2) 가독성 보존을 포함하는 보관 및 보존

   (3) 변경 관리(예: 버전 관리)

   (4) 보유 및 폐기

  3) 품질경영시스템의 기획과 운영을 위하여 필요하다고, 조직이 정한 외부 출처의 문서화된 정보는 적절하게 식별되고 관리되어야 한다.

  4) 적합성의 증거로 보유 중인 문서화된 정보는, 의도하지 않은 수정으로부터 보호되어야 한다.

[관련문서]

1. EQP-0701. 자원관리 절차서

2. EQP-0702. 인적자원관리 절차서

3. EQP-0703. 의사소통관리 절차서

4. EQP-0704. 문서관리 절차서

1. 운용 기획 및 관리

1.1 일반사항

조직은 다음 사항을 통하여, 제품 및 서비스의 제공을 위한 요구사항을 충족하기 위해 필요한 그리고 6에 명시된 실행을 하기 위해 필요한 프로세스를 계획, 시행 및 유지하여야 한다.

  1) 제품 및 서비스에 대한 요구사항 결정하여야 한다.

  2) 다음에 대한 기준 수립하여야 한다.

    (1) 프로세스

    (2) 제품 및 서비스의 합격 판정

  3) 제품 및 서비스 요구사항에 대한 적합성을 달성하기 위해 필요한 자원을 결정하여야 한다.

  4) 기준에 따라 프로세스의 관리의 실행하여야 한다.

  5) 다음을 위해 필요한 정도로 문서화된 정보의 결정, 유지 및 보유하여야 한다.

    (1) 프로세스가 계획된 대로 수행되었음에 대한 신뢰 확보

    (2) 제품과 서비스가 요구사항에 적합함을 실증

1.2 외주처리

조직은 외주 처리된 프로세스가 관리되고 있음을 보장하여야 한다. 이러한 프로세스에 적용되는 관리의 유형과 정도는 품질경영시스템 내에서 정의되어야한다(외부 공급자와의 협의는 조직의 품질경영시스템 성과에 대한 아웃소싱의 영향을 해결하는 데 도움을 줄 수 있다).

2. 제품 및 서비스 요구사항

2.1 고객과의 의사소통

고객과의 의사소통에는 다음 사항이 포함되어야 한다.

  1) 제품 및 서비스 관련 정보 제공

  2) 변경을 포함하여 문의, 계약 또는 주문의 취급

  3) 고객 불평을 포함하여 제품 및 서비스에 관련된 고객 피드백 입수

  4) 고객재산의 취급 및 관리

2.2 제품 및 서비스에 대한 요구사항의 결정

고객에게 제공될 제품 및 서비스에 대한 요구사항을 결정할 경우, 조직은 다음 사항을 보장하여야 한다.

  1) 제품 및 서비스 요구사항은 다음을 포함하여 규정되어야 한다.

   (1) 적용되는 모든 법적 및 규제적 요구사항

   (2) 조직에 의해 필요하다고 고려된 요구사항

  2) 조직은 제공하는 제품 및 서비스에 대한 요구를 충족시킬 수 있어야 한다.

2.3 제품 및 서비스에 대한 요구사항의 검토

  2.3.1 조직은 고객에게 제공될 제품 및 서비스에 대한 요구사항을 충족시키는 능력이 있음을 보장하여야 한다.

  1) 조직은 고객에게 제품 및 서비스의 공급을 결정하기 전에 다음 사항을 포함하여 검토를 실시하여야 한다.

   (1) 인도 및 인도 이후의 활동에 대한 요구사항을 포함하여, 고객이 규정한 요구사항

   (2) 고객이 명시하지 않았으나 알려진 경우, 규정되거나 의도된 사용에 필요한 요구사항

   (3) 조직에 의해 규정된 요구사항

(4) 제품이나 서비스에 적용되는 법적 및 규제적 요구사항

(5) 이전에 표현된 것과 상이한 계약 또는 주문 요구사항

2) 조직은 이전에 규정한 요구사항과 상이한 계약 또는 주문 요구사항이 해결되었음을 보장하여야 한다.

3) 고객이 요구사항을 문서화된 상태로 제시하지 않는 경우, 고객 요구사항은 수락 전에 조직에 의해 확인되어야 한다.

4) 인터넷 판매 등과 같은 상황에서는, 각각의 주문에 대한 공식적인 검토가 비현실적이다. 이러한 경우, 카탈로그와 같은 관련 제품 정보를 검토하는 것으로 대신할 수 있다.

2.3.2 조직은 적용될 경우 다음 사항에 대한 문서화된 정보를 보유하여야 한다.

1) 검토 결과

2) 제품 및 서비스에 대한 모든 새로운 요구사항

2.4 제품 및 서비스에 대한 요구사항의 변경

제품 및 서비스에 대한 요구사항이 변경된 경우, 조직은 관련 문서화된 정보가 수정됨을 그리고 관련 인원이 변경된 요구사항을 인식하고 있음을 보장하여야 한다.

3. 제품 및 서비스의 설계와 개발

3.1 일반사항

조직은 제품 및 서비스의 설계와 개발 이후의 공급을 보장하기에 적절한 설계와 개발 프로세스를 수립, 실행 및 유지하여야 한다.

3.2 설계와 개발기획

설계와 개발에 대한 단계 및 관리를 결정할 때, 조직은 다음 사항을 고려하여야한다.

1) 설계와 개발 활동의 성질, 기간 및 복잡성

2) 적용되는 설계와 개발 검토를 포함하여, 요구되는 프로세스 단계

3) 요구되는 설계와 개발 검증 및 실현성 확인/타당성 확인(validation) 활동

4) 설계와 개발 프로세스에 수반되는 책임 및 권한

5) 제품 및 서비스의 설계와 개발에 대한 내부 및 외부 자원 필요성

6) 설계와 개발 프로세스에 관여하는 인원 간 인터페이스의 관리 필요성

7) 설계와 개발 프로세스에 고객 및 사용자의 관여 필요성

8) 제품 및 서비스의 설계와 개발 이후의 공급을 위한 요구사항

9) 설계와 개발 프로세스에 대해 고객 및 기타 관련 이해관계자가 기대하는 관리의 수준

10) 설계와 개발 요구사항이 충족되었음을 실증하는데 필요한 문서화된 정보

3.3. 설계와 개발 입력

1) 조직은 설계와 개발이 될 특정 형태의 제품 및 서비스에 필수적인 요구사항을 정하여야 한다. 조직은 다음 사항을 고려하여야 한다.

  (1) 기능 및 성능/성과 요구사항

  (2) 이전의 유사한 설계와 개발 활동으로부터 도출된 정보

  (3) 법적 및 규제적 요구사항

  (4) 조직이 실행을 약속한 표준 또는 실행지침

  (5) 제품 및 서비스의 성질에 기인하는 실패의 잠재적 결과

2) 입력은 설계와 개발 목적에 충분하며, 완전하고 모호하지 않아야 한다.

3) 상충되는 설계와 개발 입력은 해결되어야 한다.

4) 조직은 설계와 개발 입력에 대한 문서화된 정보를 보유하여야 한다.

3.4 설계와 개발 관리

조직은 설계와 개발 프로세스에 다음 사항을 보장하기 위하여 관리/통제하여야 한다.

1) 달성될 결과의 규정

2) 설계와 개발 결과가 요구사항을 충족하는지의 능력을 평가하기 위한 검토 시행

3) 설계와 개발의 출력이 입력 요구사항에 충족함을 보장하기 위한 검증활동 시행

4) 결과로 나타난 제품 및 서비스가 규정된 적용에 대한 또는 사용 의도에 대한 요구사항을 충족시킴을 보장하기 위한 실현성 확인 활동의 시행

5) 검토 또는 검증 및 실현성 확인 활동 중 식별된 문제점에 대해 필요한 모든 조치의 시행

6) 이들 활동에 대한 문서화된 정보의 보유

3.5 설계와 개발 출력

조직은 설계와 개발 출력이 다음과 같음을 보장해야 한다.

1) 입력 요구사항 충족

2) 제품 및 서비스 제공을 위한 후속 프로세스에 대해 충분함

3) 해당되는 경우, 모니터링과 측정 요구사항의 포함 또는 인용 그리고 합격 판정기준의 포함 또는 인용

4) 의도한 목적에 그리고 안전하고 올바른 공급에 필수적인 제품 및 서비스의 특성 규정

3.6 설계와 개발 변경

1) 조직은 제품 및 서비스의 설계와 개발 과정 또는 이후에 발생된 변경사항을 요구사항의 적합성에 부정적 영향이 없음을 보장하는데 필요한 정도까지 식별, 검토 및 관리하여야 한다.

2) 조직은 다음 사항에 대한 문서화된 정보를 보유하여야 한다.

(1) 설계와 개발 변경

(2) 검토 결과

(3) 변경의 승인

(4) 부정적 영향을 예방하기 위해 취한 조치

4. 외부에서 제공되는 프로세스, 제품 및 서비스의 관리

4.1 일반사항

  1) 조직은 외부에서 제공되는 프로세스, 제품 및 서비스가 요구사항에 적합함을 보장하여야 한다.

  2) 조직은 다음의 경우, 외부에서 제공되는 프로세스, 제품 및 서비스에 적용할 관리를 결정하여야 한다.

    (1) 외부 공급자의 제품 및 서비스가 조직 자체의 제품 및 서비스에 포함되도록 의도한 경우

    (2) 제품 및 서비스가 조직을 대신한 외부공급자에 의해 고객에게 직접 제공되는 경우

    (3) 프로세스 또는 프로세스의 일부가 조직에 의한 결정의 결과로, 외부 공급자에 의해 제공된 경우

  3) 조직은 요구사항에 따라 프로세스 또는 제품 및 서비스를 공급할 수 있는 능력을 근거로, 외부 공급자의 평가, 선정, 성과 모니터링 및 재평가에 대한 기준을 결정할 때 품질경영 기준이 정의되고 적용하여야 한다. 또한 조직은 이들 활동에 대한 그리고 평가를 통해 발생한 모든 필요한 조치에 대한 문서화된 정보를 보유하여야 한다.

4.2 관리의 유형과 정도(extent)

조직은 외부에서 제공되는 프로세스, 제품 및 서비스가, 적합한 제품 및 서비스를 고객에게 일관되게 인도하는 조직의 능력에 부정적인 영향을 미치지 않음을 보장하여야 하고 다음 사항을 수행하여야 한다.

  1) 외부에서 제공되는 프로세스가 조직의 품질경영시스템 관리 내에서 유지됨을 보장

  2) 외부 공급자에게 적용하기로 한 관리와 결과로 나타나는 출력에 적용하기로 한 관리 모두를 규정

  3) 다음에 대한 고려

    (1) 고객 요구사항과 법적 및 규제적 요구사항을 일관되게 충족시켜야 하는 조직의 능력에 미치는, 외부에서 제공되는 프로세스, 제품 및 서비스의 잠재적 영향

(2) 법적 요구사항 및 기타 요구사항과 일관되고 품질경영시스템의 의도된 결과의 달성과 일관됨

(3) 외부 공급자에 의해 적용되는 관리의 효과성

4) 외부에서 제공되는 프로세스, 제품 및 서비스가 요구사항을 충족시킴을 보장하기 위해 필요한 검증 또는 기타 활동의 결정

4.3 외부공급자를 위한 정보

조직은 외부공급자와 의사소통하기 이전에 요구사항의 타당함/충분한(adequacy)을 보장하여야 한다. 조직은 다음 사항에 대한 조직의 요구사항을 외부공급자에게 전달하여야 한다.

1) (외부공급자가)제공하는 프로세스, 제품 및 서비스

2) 다음에 대한 승인

(1) 제품 및 서비스

(2) 방법, 프로세스 및 장비

(3) 제품 및 서비스의 불출(release)

3) 요구되는 모든 인원의 자격을 포함한 역량/적격성

4) 조직과 외부 공급자의 상호 작용

5) 외부 공급자의 성과에 대하여 조직이 적용하는 관리 및 모니터링

6) 조직 또는 조직의 고객이 외부공급자의 현장에서 수행하고자 하는 검증 또는 실현성 확인 활동

5. 생산 및 서비스 제공

5.1 생산 및 서비스 제공의 관리조직은 제품 및 서비스 제공을 관리 조건하에서 실행하여야 한다. 관리되는 조건에는 해당되는 경우, 다음 사항이 포함되어야 한다.

1) 다음을 규정하는 문서화된 정보의 가용성

   (1) 생산되어야 하는 제품의, 제공되어야 하는 서비스의 또는 수행되어야 하는 활동의 특성

   (2) 달성되어야 하는 결과

2) 적절한 모니터링 자원 및 측정 자원의 가용성 및 활용

3) 프로세스 또는 출력의 관리에 대한 기준 그리고 제품 및 서비스에 대한 합격 판정기준이 충족되었음을 검증하기 위하여, 적절한 단계에서 모니터링 및 측정 활동의 실행

4) 프로세스 운영을 위한 적절한 기반구조 및 환경의 활용

5) 요구되는 모든 자격을 포함하여, 역량이 있는 인원의 선정

6) 결과로 나타난 출력이, 후속되는 모니터링 또는 측정에 의해 검증될 수 없는 경우, 생산 및 서비스 제공을 위한 프로세스의 계획된 결과를 달성하기 위한 능력의 실현성 확인 및 주기적 실현성 재확인

7) 인적 오류를 예방하기 위한 조치의 실행

8) 불출, 인도 및 인도 후 활동의 실행

5.2 식별과 추적성

1) 조직은 제품 및 서비스의 적합성을 보장하기 위하여 필요한 경우, 출력을 식별하기 위하여 적절한 수단을 활용하여야 한다.

2) 조직은 생산 및 서비스 제공 전체에 걸쳐 모니터링 및 측정 요구사항에 관한 출력의 상태를 식별하여야 한다.

3) 추적성이 요구사항인 경우, 조직은 출력의 고유한 식별을 관리하여야 하며, 추적이 가능하기 위하여 필요한 문서화된 정보를 보유하여야 한다.

5.3 고객 또는 외부공급자의 재산

1) 조직은 조직의 관리하에 있거나, 조직의 사용 중에 있는 고객 또는 외부공급자의 재산에 대하여 주의를 기울여야 한다. 조직은 제품 및 서비스에 사용되거나 포함되도록 제공된 고객 또는 외부공급자의 재산을 식별, 검증, 보호 및 안전하게 유지하여야 한다.

2) 고객 또는 외부공급자의 재산이 분실, 손상 또는 사용하기에 부적절한 것으로 판명된 경우, 조직은 고객 또는 외부공급자에게 이를 통보하여야 하며, 발생한 사항에 대해 문서화된 정보를 보유하여야 한다.

3) 고객 또는 외부공급자의 재산에는 자재, 부품, 공구 및 장비, 고객 부동산, 지적 소유권 및 개인 정보가 포함될 수 있다.

5.4 보존

조직은 요구사항에 적합함을 보장하기 위해 필요한 정도까지, 생산 및 서비스를 제공하는 동안 출력을 보존하여야 한다. 보존에는 식별, 취급, 오염관리, 포장, 보관, 전달 또는 수송 및 보호가 포함될 수 있다.

5.5 인도 후 활동

1) 조직은 제품 및 서비스와 연관된 인도 후 활동에 대한 요구사항을 충족해야 한다.

2) 요구되는 인도 후 활동에 관한 정도를 결정할 때, 조직은 다음 사항을 고려해야 한다.

   (1) 법적 및 규제적 요구사항

   (2) 제품 및 서비스와 관련한 잠재적으로 원하지 않은 결과

   (3) 제품 및 서비스의 성질, 용도 및 계획수명

   (4) 고객 요구사항

   (5) 고객 피드백

3) 인도 후 활동에는 보증 규정에 따른 조치, 정비 서비스와 같은 계약상 의무사항 그리고 재활용이나 최종 폐기와 같은 보충적인 서비스가 포함될 수 있다.

5.6 변경관리

    1) 조직은 생산 또는 서비스 제공에 대한 변경을, 요구사항과의 지속적인 적합성을 보장하기 위하여 필요한 정도까지 검토하고 관리하여야 한다.

    2) 조직은 변경에 대한 검토의 결과, 변경 승인자 및 검토 결과 도출된 필요한 모든 조치 사항을 기술한 문서화된 정보를 보유해야 한다.

6. 제품 및 서비스의 불출/출시(release)

1) 조직은 제품 및 서비스 요구사항이 충족되었는지 검증하기 위하여, 적절한 단계에서 계획된 결정사항을 실행해야 한다.

2) 계획된 결정사항이 만족스럽게 완료될 때까지, 제품 및 서비스는 고객에게 불출되지 않아야 한다. 다만, 관련 권한을 가진 자가 승인하고, 고객이 승인한 때(해당되는 경우)에는 불출할 수 있다.

3) 조직은 제품 및 서비스의 불출에 관련된 문서화된 정보를 보유해야 한다. 문서화된 정보에는 다음 사항이 포함되어야 한다.

    (1) 합격 판정 기준에 적합하다는 증거

    (2) 불출을 승인한 인원에 대한 추적성

7. 부적합 출력/산출물(output)의 관리

7.1 일반사항

    1) 조직은 의도하지 않은 사용 또는 인도를 방지하기 위하여, 제품 요구사항에 적합하지 않은 출력이 식별되고 관리됨을 보장하여야 한다.

    2) 조직은 부적합의 성질(nature)에 그리고 제품 및 서비스의 적합성에 대하여 부적합이 미치는 영향에 따라 적절한 조치를 취하여야 한다.

    3) 조건은 제품의 인도 후 그리고 서비스의 제공 중 또는 제공 후에 발견된 제품 및 서비스의 부적합에도 적용된다.

4) 조직은 부적합 출력을 다음의 하나 또는 그 이상의 방법으로 처리하여야 한다.

   (1) 시정

   (2) 제품 및 서비스 제공의 격리, 봉쇄/억제, 반품 또는 정지

   (3) 고객 통지

   (4) 특채에 의해 인수를 위한 승인의 획득

5) 부적합 출력이 조치되는 경우, 요구사항에 대한 적합성이 검증되어야 한다.

7.2 조직은 다음의 문서화된 정보를 보유해야 한다.

   1) 부적합에 대한 기술

   2) 취해진 조치에 대한 기술

   3) 승인된 특채에 대한 기술

   4) 부적합에 관한 활동을 결정하는 책임의 식별

[관련문서]

1. EQP-0801. 운용 기획 관리 절차서

2. EQP-0802. 제품 및 서비스 요구사항 관리 절차서

3. EQP-0803. 설계와 개발 관리 절차서

4. EQP-0804. 외부공급자 관리 절차서

5. EQP-0805. 생산 및 서비스 관리 절차서

6. EQP-0806. 부적합 출력물 관리 절차서

1. 모니터링, 측정, 분석 및 평가

1.1 일반사항

　　1) 조직은 다음 사항을 결정하여야 한다.

　　　(1) 모니터링 및 측정의 대상

　　　(2) 유효한 결과를 보장하기 위하여, 필요한 모니터링, 측정, 분석 및 평가에 대한 방법

　　　(3) 모니터링 및 측정 수행 시기

　　　(4) 모니터링 및 측정의 결과에 대한 분석 및 평가 시기

　　2) 조직은 품질경영시스템의 성과 및 효과성을 평가하여야 한다.

　　3) 조직은 결과의 증거로, 적절한 문서화된 정보를 보유하여야 한다.

1.2 고객만족

　　1) 조직은 고객의 니즈 및 기대가 어느 정도 충족되는지에 대한 고객의 인식을 모니터링 하여야 한다.

　　2) 조직은 정보를 수집, 모니터링 및 검토하기 위한 방법을 결정하여야 하며, 고객 인식에 대한 모니터링의 사례에는 고객 설문조사, 인도된 제품 또는 서비스에 대한 고객 피드백, 고객과의 미팅, 시장 점유율 분석, 고객의 칭찬, 보증 클레임 그리고 판매업자 보고서가 포함될 수 있다.

1.3 분석 및 평가조직은 모니터링 및 측정에서 나온 적절한 데이터와 정보를 분석하고, 평가하여야 한다. 분석의 결과는 다음 사항의 평가를 위하여 사용되어야 한다.

　　1) 제품 및 서비스의 적합성

　　2) 고객 만족도

　　3) 품질경영시스템의 성과 및 효과성

4) 기획의 효과적인 실행 여부

5) 리스크와 기회를 다루기 위하여 취해진 조치의 효과성

6) 외부공급자의 성과

7) 품질경영시스템의 개선 필요성

2. 내부심사

2.1 조직은 품질경영시스템이 다음 사항에 대한 정보를 제공하기 위하여 계획된 주기로 내부심사를 수행하여야 한다.

1) 다음 사항에 대한 적합성 여부

(1) 품질경영시스템에 대한 조직 자체 요구사항

(2) 표준의 요구사항

2) 품질경영시스템이 효과적으로 실행되고 유지되는지 여부

2.2 조직은 다음 사항을 실행하여야 한다.

1) 주기, 방법, 책임, 요구사항의 기획 및 보고를 포함하는, 심사프로그램의 계획, 수립, 실행 및 유지 그리고 심사프로그램에는 관련 프로세스의 중요성, 조직에 영향을 미치는 변경 그리고 이전 심사 결과가 고려되어야 한다.

2) 심사기준 및 개별 심사의 적용 범위에 대한 규정

3) 심사 프로세스의 객관성 및 공평성을 보장하기 위한 심사원 선정 및 심사 수행

4) 심사 결과가 관련 경영자에게 보고됨을 보장하고 관련 심사 결과가 근로자 및 근로자 대표(있는 경우) 그리고 기타 이해관계자에게 보고됨을 보장

5) 과도한 지연 없이 적절한 시정 및 시정 조치 실행

6) 심사 프로그램의 실행 및 심사 결과의 증거로 문서화된 정보의 보유

3. 경영검토/경영평가(management review)

3.1 일반사항

최고경영자는 조직의 전략적 방향에 대한 품질경영시스템의 지속적인 적절성, 충족성, 효과성 및 정렬성을 보장하기 위하여 계획된 주기로 조직의 품질경영시스템을 검토해야 한다.

3.2 경영검토 입력사항

   1) 이전 경영검토에 따른 조치의 상태

   2) 다음과 같은 변화

      (1) 품질경영시스템과 관련된 외부 및 내부 이슈의 변경

      (2) 이해관계자들의 니즈와 기대

   3) 다음의 경향을 포함한 품질경영시스템의 성과 및 효과성에 대한 정보

      (1) 고객만족 및 관련 이해관계자로 부터의 피드백

      (2) 품질경영시스템 방침 및 목표의 달성 정도

      (3) 프로세스 성과 그리고 제품 및 서비스의 적합성

      (4) 부적합, 시정조치 및 지속적 개선

      (5) 모니터링 및 측정 결과

      (6) 심사결과

      (7) 외부공급자의 성과

   4) 효과적인 품질경영시스템의 유지를 위한 자원의 충족성

   5) 리스크와 기회를 다루기 위하여 취해진 조치의 효과성

   6) 지속적 개선을 위한 기회

3.3 경영검토 출력 사항

　　1) 경영검토의 출력 사항에는 다음 사항과 관련된 결정과 조치가 포함되어야 한다.

　　　　(1) 지속적 개선 기회

　　　　(2) 품질경영시스템 변경에 대한 모든 필요성

　　　　(3) 자원의 필요성

　　　　(4) 품질경영시스템의 지속적인 적절성, 충족성 그리고 효과성에 대한 결론

　　　　(5) 품질경영시스템 목표를 달성하지 못했을 때, 필요한 경우의 조치

　　　　(6) 필요할 경우 품질경영시스템과 기타 비즈니스 프로세스와 통합으로 개선할 기회

　　　　(7) 조직의 전략적인 방향에 대한 영향

　　2) 조직은 경영검토 결과의 증거로, 문서화된 정보를 보유하여야 한다.

[관련문서]

1. EQP-0901 모니터링, 측정, 분석 및 평가 관리 절차서

2. EQP-0902 내부심사 절차서

3. EQP-0903 경영검토 절차서

1. 일반사항

1) 조직은 개선의 기회를 결정하고 선택하여야 하며, 고객 요구사항을 충족시키고 고객만족을 증진시키기 위하여 필요한 모든 조치를 실행하여야 한다.

2) 조치에는 다음 사항이 포함되어야 한다.

   (1) 요구사항을 충족시키기 위한 것뿐만 아니라, 미래의 니즈와 기대를 다루기 위한 제품 및 서비스의 개선

   (2) 시정, 예방 또는 바람직하지 않는 영향의 감소

   (3) 품질경영시스템의 성과 및 효과성 개선

3) 개선의 사례에는 시정, 시정조치, 지속적 개선, 획기적인 변화, 혁신 및 조직 개편이 포함될 수 있다

2. 부적합 사항 및 시정조치

2.1 불만족에서 야기된 모든 것을 포함하여 부적합이 발생하였을 때, 조직은 다음 사항을 실행하여야 한다.

   1) 부적합 사항에 대처하여야 하며, 해당되는 경우 다음 사항이 포함되어야 한다.

      (1) 부적합 사항을 관리하고 시정하기 위한 조치를 취함

      (2) 결과를 처리함

   2) 부적합이 재발하거나 다른 곳에서 발생하지 않게 하기 위해서, 부적합의 근본 원인을 제거하기 위한 조치의 필요성을 다음 사항에 의하여 평가하여야 한다.

      (1) 부적합의 검토와 분석

      (2) 부적합 원인의 결정

      (3) 부적합이 존재하는지 또는 잠재적인 발생 여부 결정

   3) 기타 리스크에 대한 기존 평가사항의 적절한 검토

4) 관리단계 및 변경관리에 따라 시정조치를 포함한 필요한 모든 조치의 결정 및 실행

5) 시정조치를 포함한 모든 조치의 효과성을 검토하여야 한다.

6) 필요한 경우, 기획 시 결정된 리스크와 기회를 갱신하여야 한다.

7) 필요한 경우, 품질경영시스템을 변경하여야 한다.

2.2 조직은 다음 사항의 증거로 문서화된 정보를 보유하여야 한다.

1) 부적합의 성질 및 취해진 모든 후속조치

2) 효과성을 포함하여, 모든 조치와 시정조치의 결과

3. 지속적 개선

1) 조직은 다음 사항에 따라 품질경영시스템의 적절성, 충족성 및 효과성을 지속적으로 개선하여야 한다.

2) 조직은 지속적 개선의 일부로서 다루어야 할 니즈 또는 기회가 있는지를 결정하기 위하여, 분석 및 평가의 결과, 그리고 경영검토의 출력 사항을 고려하여야 한다.

[관련문서]

1. EQP-1001. 개선관리 절차서

2. ISO 품질경영시스템 절차서

(주)이큐	**절차서**	문서번호	EQ-P-001
		제 정 일	20XX. XX. XX
		개 정 일	20XX. XX. XX
	표 지	개정번호	01
		PAGE	1 / 1

주식회사 이큐

구분	작성	검토			승인
날짜					
이름					
서명					

(주)이큐	절차서	문서번호	EQ-P-001
		제 정 일	20XX. XX. XX
		개 정 일	20XX. XX. XX
	목차	개정번호	01
		PAGE	1 / 4

절차서	관련 양식
4. 조직상황	
EQP-0401 조직상황 관리 절차서	01. EQP-0401-01 내, 외부 이슈 사항파악표 02. EQP-0401-02 이해관계자 파악표
EQP-0402 적용 범위 관리 절차서	
5. 리더십	
EQP-0501 리더십 관리 절차서	
EQP-0502 방침 관리 절차서	
EQP-0503 책임과 권한관리 절차서	03. EQP-0503-01 업무분장표
6. 기획	
EQP-0601 리스크 및 기회 관리 절차서	04. EQP-0601-01 리스크및기회관리조치계획서 05. EQP-0601-02 SWOT 분석
EQP-0602 목표 관리 절차서	06. EQP-0602-01 목표및세부목표추진계획/실적서 07. EQP-0602-02 세부목표 변경요청서
7. 지원	
EQP-0701 자원 관리 절차서	08. EQP-0701-01 설비 관리대장 09. EQP-0701-02 설비 이력카드 10. EQP-0701-03 설비 점검표 11. EQP-0701-04 업무환경점검표(현장용) 12. EQP-0701-05 업무환경점검표(사무실용) 13. EQP-0701-06 계측장비 관리대장 14. EQP-0701-07 계측장비 이력카드 15. EQP-0701-08 조직의 지식관리 대장

	문서번호	EQ-P-001
절차서	제정일	20XX. XX. XX
(주)이큐	개정일	20XX. XX. XX
목차	개정번호	01
	PAGE	2 / 4

절차서	관련 양식
EQP-0702 인적자원 관리 절차서	16. EQP-0702-01 교육훈련계획서 17. EQP-0702-02 교육결과 보고서 18. EQP-0702-03 개인별 교육훈련 이력카드
EQP-0703 의사소통 절차서	19. EQP-0703-01 의사소통등록대장 20. EQP-0703-02 회의록
EQP-0704 문서관리 절차서	21. EQP-0704-01 문서제,개정 심의서 22. EQP-0704-02 문서배포관리대장 23. EQP-0704-03 문서파일목록 24. EQP-0704-04 사외규격 관리대장 25. EQP-0704-05 디스켓/CD 관리대장
8. 운용	
EQP-0801 운용 기획 및 관리 절차서	
EQP-0802 제품 및 서비스 요구사항 관리 절차서	26. EQP-0802-01 견적서 27. EQP-0802-02 계약검토서
EQP-0803 설계와 개발관리 절차서	28. EQP-0803-01 설계 및 개발 검토/검증서 29. EQP-0803-02 설계및개발검토/검증체크리스트 30. EQP-0803-03 설계 및 개발 협의서 31. EQP-0803-04 도면관리대장
EQP-0804 외부공급자 관리 절차서	32. EQP-0804-01 구매요청서 33. EQP-0804-02 발주서 34. EQP-0804-03 자재 입고, 출고, 재고관리 35. EQP-0804-04 업체실태조사서 36. EQP-0804-05 협력업체관리대장 37. EQP-0804-06 신규업체 평가표 38. EQP-0804-07 협력업체정기평가표 39. EQP-0804-08 수입검사성적서

절차서	관련 양식
EQP-0805 생산 및 서비스관리 절차서	40. EQP-0805-01 작업표준서 41. EQP-0805-02 작업지시서 42. EQP-0805-03 제조/QC공정도 43. EQP-0805-04 연간생산 계획 및 실적 44. EQP-0805-05 월간생산 계획 및 실적 45. EQP-0805-06 공정검사성적서 46. EQP-0805-07 최종검사성적서 47. EQP-0805-08 제품검사기준서 48. EQP-0805-09 고객자산관리대장 49. EQP-0805-10 자재점검일지 50. EQP-0805-11 자재수불대장 51. EQP-0805-12 완제품점검일지 52. EQP-0805-13 변경점관리대장
EQP-0806 부적합 출력물 관리	53. EQP-0806-01 부적합 보고서 54. EQP-0806-02 부적합 관리대장 55. EQP-0806-03 특채 관리대장
9. 성과 측정	
EQP-0901 모니터링, 측정, 분석 및 평가관리 절차서	56. EQP-0901-01 년간 성과지표 관리대장 57. EQP-0901-02 고객만족도 조사서 58. EQP-0901-03 고객만족도 평가서
EQP-0902 내부심사 절차서	59. EQP-0902-01 년간 내부심사계획서 60. EQP-0902-02 내부심사실시 통보서 61. EQP-0902-03 내부심사체크리스트 62. EQP-0902-04 내부심사 결과 보고서 63. EQP-0902-05 자격인증평가표 64. EQP-0902-06 자격인증서 65. EQP-0902-07 자격인증관리대장
EQP-0903 경영검토 절차서	66. EQP-0903-01 경영검토 보고서

(주)이큐	절차서	문서번호	EQ-P-001
		제 정 일	20XX. XX. XX
		개 정 일	20XX. XX. XX
	목차	개정번호	01
		PAGE	4 / 4

절차서	관련 양식
10. 개선	
EQP-1001 개선관리 절차서	67. EQP-1001-01 개선추진 실적보고서 68. EQP-1001-02 시정조치요구서 69. EQP-1001-03 시정조치관리대장 70. EQP-1001-04 개선추진계획

개정 번호	개정 일자	개정 내용
00 01	20XX.XX.XX. 20XX.XX.XX.	제정 기존 시스템에서 ISO 9001:2015 도입에 따른 적합한 품질경영시스템으로의 전환

(주)이큐	절차서	문서번호	EQ-P-0401
		제 정 일	20XX. XX. XX
		개 정 일	20XX. XX. XX
	조직상황 및 이해관계자 관리	개정번호	01
		PAGE	1 / 4

1. 적용 범위

본 절차서는 품질 경영시스템(이하 "경영시스템"이라 한다)의 (주)이큐(이하 "조직"이라 한다)의 조직상황과 조직의 목적 및 전략적 방향과 관련이 있는 내·외부 이슈, 이해관계자 요구사항에 대한 관리를 범위로 한다.

2. 목적

조직은 경영시스템 활동의 지속적인 개선을 위하여 조직상황에 대한 관리 및 내·외부 이슈와 이해관계자의 요구사항 파악을 목적으로 한다.

3. 용어와 정의

3.1 조직

조직의 목표달성에 대한 책임, 권한 및 관계가 있는 자체의 기능을 가진 사람 또는 사람의 집단

3.2 조직상황

조직의 목표 달성과 개발에 대한 조직의 접근법에 영향을 줄 수 있는 내부 및 외부 이슈의 조합

3.3 이해관계자

의사결정 또는 활동에 영향을 줄 수 있거나, 영향을 받을 수 있거나 또는 그들 자신이 영향을 받는다는 인식을 할 수 있는 사람 또는 조직

4. 책임과 권한

4.1 최고경영자

조직상황 및 이해관계자 관리

4.2 관리책임자

1) 조직의 내부 이슈와 외부 이슈를 취합하여 결정하고 관리
2) 고객과 관련된 이슈를 파악하고 각 부서에 전달

4.3 관리담당자

1) 경영시스템의 이해관계자 및 요구사항의 변경사항이 있을 시 즉시 경영자에게 보고
2) 계획된 주기로 각 부서에서 받은 내·외부 이슈들에 대하여 검토하고 경영자에게 보고하며, 사내 게시판에 관련 내용을 공지

5. 조직상황 관리

5.1 조직상황 이해

1) 각 부서는 조직의 목적 및 전략적 방향, 조직의 능력에 영향을 주는 외부와 내부 이슈를 파악하여야 한다.
2) 영업부서는 고객이슈를 제품의 출고 이후 제품에 대한 피드백을 수시로 접수하고 매월 1회 집계하여 내부 의사소통 기준에 따라 각 부서에 전달하고 업무보고 시 최고경영자에게 보고한다.
3) 각 부서는 매월 내·외부 이슈에 대한 정보를 모니터링하고 영업부서에 전달하여야 한다.
4) 영업부서는 각 부서에서 접수된 외부·내부 이슈들에 대하여 매월 집계 및 검토하고 경영자에게 보고하며, 사내 게시판에 관련 내용을 공지한다.

5.2 내·외부 이슈

1) 이슈는 긍정적, 부정적 요인 또는 고려해야 할 조건을 포함하여 파악하여야 한다.

2) 외부사항에 대한 이해를 용이하게 하려면 국제적, 국가적, 지역적 및 법적, 기술적, 시장, 사회적, 경제적 환경에서 비롯된 이슈들을 고려해야 한다.

3) 내부사항에 대한 이해를 용이하게 하려면 조직의 가치, 문화, 지식 및 성과와 관련되는 이슈들을 고려해야 한다.

5.3 이슈 지속관리

관리담당자는 분기별로 파악된 이슈들을 참조하여 검토하고 그 내용을 토대로 익년도 내·외부 이슈를 정하고 매년 12월에 경영자에게 보고한다.

6. 이해관계자의 니즈와 기대 이해

6.1 이해관계자 식별

1) 고객 요구사항 그리고 적용되는 법적 및 규제적 요구사항을 충족시키는 제품 및 서비스를 지속적으로 공급하는 능력을 실증할 필요가 있고, 고객만족 증진을 추구하는 경우에 경영시스템에 관련되는 이해관계자를 정하고 이해관계자의 요구사항, 기대를 파악하여 관리하여야 한다.

2) 조직의 이해관계자 선정 시 경영시스템과 관련이 없는 이해관계자의 니즈와 기대는 관리할 필요가 없으나, 잠재적인 이해관계자의 관리를 위해서 신중하게 정해야 한다.

6.2 이해관계자 지속관리

1) 이해관계자에 대한 변경사항을 분기별로 모니터링하고 검토한다.

2) 이해관계자 및 요구사항의 변경사항이 있을 시 즉시 경영자에게 보고하여 조직의 능력에 미치는 영향을 업무에 반영하거나 부정적인 변경인 경우 최소화하여야 한다.

7. 기록 및 보관

NO	서식명	서식번호	보존연한	보관부서
1	내·외부 이슈 관리 파악표	EQP-0401-01		
2	이해관계자 관리대장	EQP-0401-02		

(주)이큐	절차서	문서번호	EQ-P-0402
		제정일	20XX. XX. XX
		개정일	20XX. XX. XX
	적용 범위관리	개정번호	01
		PAGE	1 / 2

1. 적용 범위

본 절차서는 품질경영시스템(이하 경영시스템 이라 한다)의 (주)이큐(이하 조직 이라 한다)의 경영시스템의 적용 범위의 결정 및 관리를 범위로 한다.

2. 목적

본 절차서는 조직의 경영시스템의 경계 및 적용 가능성을 정하여 적용 범위를 결정하고 관리하는데 목적이 있다.

3. 용어와 정의

3.1 적용 범위
조직의 프로세스 경계

4. 책임과 권한

4.1 최고경영자
조직에 대한 모든 경영시스템의 최종 적용 범위를 결정

4.2 관리책임자
경영시스템에 적용할 적용 범위, 조직의 상황을 파악하여 최고경영자에게 보고

5. 적용 범위 결정

5.1 조직은 경영시스템의 적용 범위를 설정하기 위하여 경영시스템의 경계 및 적용 가능성을 정하여야 한다. 적용 범위를 정할 때 조직은 아래 사항을 고려하여야 한다.
　1) 조직상황에 대한 내·외부 이슈

2) 조직상황에 대한 이해관계자의 요구사항 및 잠재적 이해관계자의 요구사항

3) 조직의 단위, 기능 및 물리적 경계

4) 조직의 제품 및 서비스의 형태를 기술

5) 문서화된 정보로 이용 가능하고 유지되어야 한다.

6) 적용 범위에 포함되지 않는다고 정한 "ISO 9001:2015"의 요구사항이 있는 경우, 그에 대한 정당성을 제시하여야 한다.

7) 적용될 수 없다고 정한 요구사항이, 제품 및 서비스의 적합성 보장과 고객만족 증진을 보장하기 위한 조직의 능력 또는 책임에 영향을 미치지 않는 증거가 있어야 한다.

5.2 적용 범위 관리

1) "6. 적용 범위 및 조직의 제품 및 서비스"에 작성 관리하여야 한다.

2) 문서화된 정보로 유지(maintain)되어야 하며 이해관계자들에게도 이용 가능하여야 한다.

6. 적용 범위 및 조직의 제품 및 서비스(예)

NO	항목	내용
1	제품	반도체, 디스플레이 등의 제조설비 및 부품
2	서비스	반도체, 디스플레이 등의 제조설비 및 부품 제공 및 설치
3	준수의무	고객 요구사항, 이해관계자 요구사항 및 법적 요구사항
4	이해관계자 요구사항	불량 없는 제품으로 납기일 준수
5	규격 적용 범위	ISO 9001 : 2015
6	적용 제외사항	8.3항 설계 및 개발

(주)이큐	절차서	문서번호	EQ-P-0501
		제정일	20XX. XX. XX
		개정일	20XX. XX. XX
	리더십과 의지표명	개정번호	01
		PAGE	1 / 3

1. 적용 범위

본 절차서는 품질경영시스템(이하 "경영시스템"이라 한다)의 (주)이큐(이하 "조직"이라 한다)의 경영시스템에 대한 리더십과 의지표명/실행의지에 대하여 적용한다.

2. 목적

경영시스템 활동의 지속적인 개선을 위하여 최고경영자가 실증해야 할 사항을 정하는데 목적이 있다.

3. 용어와 정의

3.1 경영시스템

방침과 목표를 수립하고 그 목표를 달성하기 위한 프로세스를 수립하기 위한 상호 관련되거나 상호 작용하는 조직 요소의 집합

3.2 경영시스템의 방침

품질에 관한 방침

3.3 경영시스템의 목표

품질에 관련된 전략적, 전술적 또는 운영적으로 달성되어야 할 결과로서, 품질방침의 달성을 위해 설정, 적합할 필요가 있는 것을 말한다.

4. 책임과 권한

4.1 최고경영자

경영시스템에 대한 의지표명

4.2 관리책임자

리더십과 의지표명/실행의지를 실증하기 위하여 내부심사 및 경영검토 실시

5. 리더십과 의지표명/실행의지

5.1 경영시스템에 대한 리더십

최고경영자는 경영시스템에 대한 리더십과 의지표명/실행의지를 다음 사항에 의하여 실증하여야 하며 이를 위해 계획된 주기(연1회 이상)로 내부심사 및 경영검토를 실시해야 한다.

1) 경영시스템의 효과성과 개선 촉진에 대한 책임이 있다.

2) 경영시스템의 방침 및 목표가 경영시스템을 위하여 수립되고, 조직상황과 전략적 방향에 조화됨을 보장하기 위하여 수립된 방침, 목표를 공포하여야 하며 전 종업원에게 인식시켜야 한다.

3) 경영시스템 요구사항이 조직의 비즈니스 프로세스와 통합됨을 보장하여야 한다

4) 프로세스 접근법 및 리스크 기반 사고의 활용 촉진할 책임이 있다.

5) 경영시스템에 필요한 자원의 가용성을 보장할 책임이 있다.

6) 효과적인 경영시스템의 중요성 그리고 요구사항과의 적합성에 대한 중요성을 의사소통하기 위하여 정기적인 회의를 실시하며 관련 내용을 항상 사후 관리한다.

7) 경영시스템이 의도한 결과를 달성함을 보장할 책임이 있다.

8) 경영시스템의 효과성에 기여하기 위한 인원을 적극 참여시키고, 인원의 확보, 지휘하고 지원하기 위하여 해당 인원의 역량/적격성을 확인하고 인식의 증진을 위하여 관련 내용을 검토하고 각 부서에 책임과 권한을 부여한다.

9) 책임 분야에서 경영자의 리더십이 적용될 때 그들의 리더십을 실증하기 위하여 경영자 역할의 지원을 하여야 한다.

6. 고객중시

최고경영자는 다음 사항을 보장하여 고객중심에 대한 리더십과 의지표명을 실증해야 한다.

1) 고객 요구사항과 조직에 적용되는 법적 및 규제적 요구사항이 결정되고, 이해되며 일관되게 충족됨을 보장하기 위하여 경영시스템 이해관계자의 니즈/기대를 확인하고 검토해야 함

2) 제품 및 서비스의 적합성에 그리고 고객 만족을 증진시키는 능력에 영향을 미칠 수 있는 리스크와 기회가 결정되고 처리되어야 한다.

3) 고객만족 증진의 중시가 유지됨을 보장하기 위하여 품질방침을 정하고 이를 달성하기 위하여 목표로 설정하여 관리한다.

(주)이큐	절차서	문서번호	EQ-P-0502
		제정일	20XX. XX. XX
		개정일	20XX. XX. XX
	방침관리	개정번호	01
		PAGE	1 / 3

1. 적용 범위

본 절차서는 품질경영시스템(이하 "경영시스템"이라 한다)의 (주)이큐(이하 "조직"이라 한다)의 경영시스템 방침의 수립과 실행 및 유지 관리에 대해 적용한다.

2. 목적

최고경영자는 조직의 경영시스템이 규정된 적용 범위 내에서 경영시스템의 방침을 정하고 경영시스템 활동의 지속적인 개선을 달성하는데 그 목적이 있다.

3. 용어와 정의

3.1 경영시스템 방침

경영시스템에 관한 방침은 조직의 전반적인 방침과 일관성이 있어야 하고, 조직의 비전과 미션에 정렬될 수 있으며, 목표를 설정하기 위한 틀을 제공한다.

3.2 경영시스템 목표

경영시스템에 관련된 전략적, 전술적 또는 운영적으로 달성되어야 할 결과로써, 경영시스템 방침의 달성을 위해 설정, 적합할 필요가 있는 것을 말한다.

3.3 성과

정량적 또는 정성적 발견 사항과 측정 가능한 결과

4. 책임과 권한

4.1 최고경영자

경영시스템의 방침 수립, 실행 및 유지

4.2 관리책임자

최고 경영자의 의도에 따라 경영시스템 방침의 초안을 수립하여 최고경영자에게 보고함

4.3 관리담당자

  1) 경영시스템 방침 및 목표에 대한 세부 목표관리 및 실적을 보고하는 업무

  2) 경영시스템에 관련된 방침, 목표 및 시스템의 중요성, 효과성을 전 근로자에게 인식시키는 업무

  3) 경영시스템 방침에 대한 내·외부 의사소통

5. 경영시스템 방침 수립절차

5.1 경영시스템 방침 수립

관리책임자는 최고경영자의 의도에 따라 경영시스템 방침 초안을 수립하고 방침은 다음 사항을 고려하여 수립하여야 한다.

  1) 조직의 목적과 상황에 적절하고 조직의 전략적 방향을 지원

  2) 경영시스템목표의 설정을 위한 틀을 제공

  3) 적용되는 요구사항 충족에 대한 의지표명을 포함

  4) 품질경영시스템을 강화하기 위한 지속적 개선에 대한 의지표명을 포함

5.2 경영시스템 방침 검토 및 승인

관리책임자는 위에 5.1항에 대한 충족 여부를 검토한 후 방침을 최고경영자에게 전달한다. 최고경영자는 관련 내용을 본인이 의도된 내용이 충족되었는지를 검토 후 승인한다.

5.3 경영시스템 방침 관리

경영시스템 방침은 효과성(계획 대비 실적), 적합성(요구사항 등), 충족성(요구사항 등), 적절성(조직의 상황)을 포함해야 하며, 문서화된 정보로 이용가능하고 유지하여야 한다.

6. 의사소통

6.1 내부 의사소통

관리담당자는 경영시스템 방침을 모든 조직 구성원이 숙지할 수 있도록 제시하고 이를 이행하기 위하여 매뉴얼에 포함하고 게시판에 부착하며, 전 종업원에게 교육을 통하여 인식시키고 목표 수립에 반영하도록 한다.

6.2 외부 의사소통

관리담당자는 외부 이해관계자가 이용 가능하도록 게시한다.

7. 기록 및 보관

NO	서식명	서식번호	보존연한	보관부서
1	품질경영 매뉴얼	EQ-QM-001		

(주)이큐	절차서	문서번호	EQ-P-0503
		제정일	20XX. XX. XX
		개정일	20XX. XX. XX
	역할, 책임과 권한	개정번호	01
		PAGE	1 / 4

1. 적용 범위

본 절차서는 품질경영시스템(이하 "경영시스템"이라 한다)의 (주)이큐(이하 "조직"이라 한다)의 경영시스템을 운영하기 위하여 관련된 역할에 대한 책임과 권한을 부여하는데 적용한다.

2. 목적

본 절차서는 조직의 역할에 대한 조직구조 및 업무분장을 함으로써 조직적이고 효율적으로 운영함을 목적으로 한다.

3. 용어와 정의

3.1 조직
조직의 목표 달성에 대한 책임, 권한 및 관계가 있는 자체의 기능을 가진 사람 또는 사람의 집단

3.2 조직도
회사 내의 조직을 알 수 있도록 지시 계통선으로 연결한 그림

4. 책임과 권한

4.1 최고경영자
　1) 품질방침의 설정 및 품질 목표 승인
　2) 경영체제의 이행 및 유지에 대한 확인
　3) 경영체제의 이행과 관리에 필요한 수단 및 적절한 자원의 제공
　4) 경영자 검토의 수행 등

4.2 관리책임자

　　1) 품질 목표 설정

　　2) 경영검토 실시의 주관

　　3) 품질심사의 실시 주관

　　4) 경영 매뉴얼의 검토

　　5) 품질방침 및 목표의 작성

　　6) 품질 성과 측정 및 평가

　　7) 부적합 사항 시정 및 예방조치 주관

　　8) 품질방침을 달성하기 위한 수단과 자원의 제공

　　9) 품질 관련 내·외부 이해관계자와의 의사소통 주관 및 관련 정보 수집

　　10) 각 부서의 품질 활동 추진계획에 따른 추진실적의 확인 검토

　　11) 품질 관련 각 분야 관련 대 관청 업무의 주관

　　12) 각 부서의 교육계획 수립 및 훈련 실시 확인

4.3 관리담당자

　　1) 품질관리담당자

　　　　(1) 품질관리 관련 세부추진 계획의 수립/실적 분석

　　　　(2) 해당업무에 대한 프로세스 파악, 문서화, 실행, 유지 및 지속적인 개선

　　　　(3) 품질 관련 교육계획의 수립/실시

　　　　(4) 외주 입고제품에 대한 정기적인 신뢰성 TEST 계획 수립 및 실시

　　　　(5) 부적합품에 대한 식별 및 처리

　　　　(6) 모니터링 및 측정 장치 관리 업무

　　　　(7) 데이터 활용

　　　　(8) 각 부서의 품질경영 추진계획의 작성/관리 확인

2) 영업부서장

  (1) 납기관리 및 납품에 관한 관리

  (2) 제품의 인도 및 납품관리

  (3) 고객 관련 프로세스 전반

  (4) 견적서 작성 및 발행 업무

  (5) 고객만족도 조사 및 고객 불만접수, 처리 업무

3) 경영지원부서장

  (1) 자재 수급에 관한 업무

  (2) 구매 및 외주업체 평가, 선정, 관리에 관한 업무

  (3) 자재관리에 관한 업무

  (4) 경리 및 회계업무 전반

  (5) 회사 운영 전반에 관한 업무

4) 기업부설연구소장

  (1) 제품개발 관련 업무

  (2) 도면관리

  (3) 설계, 개발계획 수립, 조직적 기술적 연계성 검토업무

  (4) 설계입력 및 출력, 검토, 검증 유효성 확인 업무

(주)이큐	절차서	문서번호	EQ-P-0503
		제정일	20XX. XX. XX
		개정일	20XX. XX. XX
	역할, 책임과 권한	개정번호	01
		PAGE	4 / 4

5. 기록 및 관리

NO	서식명	서식번호	보존연한	보관부서
1	업무분장표	EQP-0503-01		

		문서번호	EQ-P-0601
(주)이큐	**절차서**	제정일	20XX. XX. XX
		개정일	20XX. XX. XX
	리스크 및 기회관리	개정번호	01
		PAGE	1 / 4

1. 적용 범위

본 절차서는 품질경영시스템(이하 "경영시스템이"라 한다)의 (주)이큐(이하 "조직"이라 한다)의 리스크 및 기회를 정하는데 필요한 사항을 범위로 정한다.

2. 목적

본 절차서는 조직의 경영시스템의 조직 및 조직상황 이해와 이해관계자의 니즈와 기대 이해의 요구사항을 고려하여 리스크 및 기회를 정하는데 목적이 있다.

3. 용어와 정의

3.1 SWOT

Strength(강점), Weakness(약점), Opportunities(기회), Threats(위협)

4. 책임과 권한

4.1 최고경영자
프로세스 접근법 및 리스크 기반 사고의 활용 촉진과 기회관리

4.2 관리책임자
  1) 리스크 관리의 결과 자료에 대한 분석
  2) 리스크 및 기회를 다루는 조치에 대한 자료를 수집 및 필요조치를 하기 위한 종합 계획수립 및 실시 확인 및 보고

4.3 관리담당자
예측되는 리스크 결정 및 제거 방안 모색과 기회 요소를 결정하고, 계획 수립 후 주관부서에 통보

5. 리스크와 기회를 다루는 조치

5.1 리스크 기반사고

1) 관리담당자는 조직의 리스크 기반 사고에 대한 결정을 하여야 한다. 리스크 기반 사고는 처음부터 프로세스 접근 전반에까지 고려되어야 한다.

2) 리스크 기반 사고는 조직의 각 부서에서 각 공정에 대하여 실시되어야 하며, 부정적인 부분만을 포함하고 있지 않으며, 긍정적인 부분을 포함한다.

5.2 리스크와 기회 결정

관리담당자는 조직 및 조직상황 이해와 이해관계자의 니즈와 기대 및 적용 범위 결정시 언급한 요구사항을 고려하여야 하며 다음 사항을 위하여 다루어야 할 필요성이 있는 리스크 및 기회를 정하여야 한다.

1) 경영시스템이 의도된 결과를 달성할 수 있음을 보증

2) 바람직한 영향의 증진

3) 바람직하지 않은 영향의 예방 또는 감소

4) 개선의 성취

5) 법적 요구사항 및 기타 요구사항

6) 경영시스템의 수립, 실행, 운용 및 유지와 관련된 기타 리스크를 결정 및 평가

7) 조직, 방침, 프로세스 또는 활동에 대한 계획된 변경을 반영하면서 성과를 향상시킬 수 있는 기회

8) 경영시스템의 개선을 위한 기타 기회

5.3 리스크 파악 단계

1) 요구사항 결정 단계

2) 설계단계

3) 생산단계

4) 제품 취급 및 포장단계

5) 제품 인도, 설치, 시운전 단계

6) 보정, 불만처리, 폐기등 인도 후 활동 단계

5.4 리스크와 기회를 다루는 방법

1) 리스크와 기회를 다루기 위한 조치를 위해서 받아드릴 수 있는 것과 없는 것, 이익이 되는 것과 불이익이 되는 것을 분석해야 한다.

2) 어떻게 리스크를 피하거나 제거할 수 있는지, 완화할 수 있는지 조치 계획을 세워야 한다.

3) 계획을 실행한다.

4) 관련 내용을 SWOT 분석에 기록하며 관련 내용은 최고경영자의 보고되어야 한다.

5) 리스크와 기회를 다루기 위한 조치는 경영시스템의 프로세스에 통합하고 실행되어야 한다.

6) 심사, 경험으로부터의 지식, 지속적 개선과 기회를 고려하며 경영검토를 통하여 조치의 효과성 평가를 실시하여야 한다.

7) 리스크와 기회를 다루기 위하여 취해진 조치는, 제품 및 서비스의 적합성에 미치는 잠재적 영향에 상응하여야 한다.

8) 리스크 다루는 방법은 아래 6가지를 참조할 수 있다.

　(1) 리스크 회피

　(2) 기회를 잡기 위한 리스크 감수

　(3) 리스크 요인 제거

　(4) 발생 가능성 또는 결과의 변경

　(5) 리스크 공유

　(6) 정보에 근거한 의사결정에 의한 리스크 유지

9) 기회는 아래 방안으로 이어질 수 있다.

(1) 새로운 실행방안의 채택

(2) 신제품 출시

(3) 새로운 시장 개척

(4) 신규 고객 창출

(5) 파트너십 구축

(6) 신기술 활용

(7) 조직 또는 고객의 니즈를 다루기 위한 그 밖의 바람직하고 실행 가능한 방안

6. SWOT 분석

6.1 SWOT 분석이란 SWOT를 이용하여 문제를 분석하는 것으로 관리부서장은 각 부서의 상황에 맞게 정기적으로 SWOT 분석을 실시하며, 결과를 경영자에게 보고하여야 한다.

6.2 경영자에게 보고 후 관련 내용을 사내 게시판에 공지하여 전 직원과 관련 내용을 공유한다.

7. 기록

NO	서식명	서식번호	보존연한	보관부서
1	리스크 및 기회관리 조치 계획서	EQP-0601-01		
2	SWOT 분석	EQP-0601-02		

(주)이큐	절차서	문서번호	EQ-P-0602
		제정일	20XX. XX. XX
		개정일	20XX. XX. XX
	목표관리	개정번호	01
		PAGE	1 / 5

1. 적용 범위

본 절차서는 품질경영시스템(이하 "경영시스템"이라 한다)의 (주)이큐(이하 "조직"라 한다)의 경영시스템의 목표의 수립과 유지, 변경의 기획 관리에 대해 적용한다.

2. 목적

경영시스템 활동의 지속적인 개선을 위하여 경영시스템 목표를 수립하고 이행하여 경영시스템 방침을 효과적으로 달성하는데 그 목적이 있다.

3. 용어와 정의

3.1 경영시스템 목표

경영시스템 방침에 근거하여 조직이 달성하고자 스스로 설정한 전반적인 목표로서 구체적이고 수치화되어야 한다.

3.2 세부목표

조직의 전체 또는 일부에 적용 가능한 구체적인 성과 요건으로 측정 가능한 것을 말하며 경영시스템 목표의 달성을 위해 설정, 적합할 필요가 있는 것을 말한다.

3.3 경영시스템 성과

조직의 경영시스템 방침, 경영시스템 목표, 세부목표를 근거로 한 조직의 경영시스템 측면 관리와 관련된 측정 가능한 결과를 말한다.

3.4 경영시스템 추진계획

조직의 경영시스템 목표와 세부목표를 달성하기 위한 추진방법을 말한다.

4. 책임과 권한

4.1 최고경영자

경영시스템 목표 및 세부목표와 경영시스템경영 추진계획의 전반적인 책임과 권한

4.2 관리책임자

1) 경영시스템 방침 및 목표에 대한 세부 목표관리 및 실적을 경영자에게 보고하는 업무
2) 승인된 경영시스템 목표를 관련 부서에 배포할 책임

4.3 각 부서장

경영시스템 목표에 따른 세부목표 및 경영시스템경영 추진계획을 이행할 책임과 권한

5. 경영시스템 목표, 세부목표 및 경영시스템경영 추진계획 수립절차

5.1 경영시스템 목표 수립

관리책임자는 경영시스템 방침, 조직의 리스크와 기회를 고려하여 필요한 관련 기능, 계층 및 프로세스에서 경영시스템 목표를 매년 수립한다. 목표는 다음과 같아야 한다.

1) 경영시스템 방침과 일관성이 있어야 함
2) 측정 및 평가가 가능하여야 한다.
3) 적용되는 요구사항이 고려되어야 한다.
4) 모니터링 및 의사소통되어야 한다.
5) 리스크와 기회의 평가 결과가 반영되어야 한다.
6) 해당되는 경우 최신본으로 갱신되어야 함

5.2 세부목표 수립

관리책임자는 해당 부서장과 협의하여, 경영시스템 목표와 다음 사항을 고려한 경영시스템 세부목표를 수립하고 관련 기능과 계층에서 KPI를 설정 관리하여야 한다.

1) 세부목표는 경영시스템 방침과 목표에 일관성이 있도록 하며 측정 가능하여야 하고 제품의 적합성과 이해관계자의 만족 증진에 대한 의지가 포함되어야 한다.

2) 경영시스템 관련 법적 규제적 요구사항

3) 이해관계자의 요구사항

4) 기술적, 재정적, 운용적 측면 고려

5) 제품 및 서비스의 적합성과 고객만족의 증진

6) 전년도 경영시스템 관련 실적

7) 시정 및 예방조치 사항

5.3 경영시스템 목표 달성 기획

관리책임자는 수립된 세부목표를 달성하기 위하여 기획할 때, 해당 부서장과 협의하여 다음사항을 고려한 경영시스템 추진계획을 수립하여야 하며, 조직의 경영시스템 목표를 달성하기 위한 조치들이 조직의 경영 프로세스에 어떻게 통합될 수 있도록 할 것인가를 고려하여야 한다.

1) 달성 대상

2) 필요 자원

3) 책임자

4) 완료 시기

5) 달성에 대한 모니터링의 지표를 포함하여 결과 평가 방법

5.4 세부목표 및 경영시스템경영 추진계획의 검토 및 승인

관리책임자는 작성한 "세부목표 추진계획서"를 경영자에게 보고하여 승인을 득한다. 승인 후 계획에 준하여 목표를 추진하도록 한다.

6. 실적보고 및 검토

1) 관리책임자는 세부목표 추진계획서를 작성해야 하며 이행실적을 매년마다 "세부목표 결과보고서"에 기록하여 그 내용을 경영자에게 보고한다.

2) 관리책임자는 세부목표 결과보고서의 계획 대비 실적을 검토하여 경영시스템 방침의 이행성에 대한 경영검토가 이루어질 수 있도록 한다.

7. 의사소통

7.1 내부 의사소통

경영시스템 목표는 모든 조직 구성원이 숙지할 수 있도록 제시하고 이를 이행하기 위한 경영시스템 목표는 해당부문 부서의 업무에 반영이 되도록 한다.

7.2 외부 의사소통

외부 이해관계자의 요구 시 경영시스템 목표, 성과 및 활동사항을 공개한다.

8. 시스템경영시스템의 변경기획

경영시스템의 변경이 필요하다고 정한 경우, 변경은 계획적인 방식으로 수행되어야 하며, 해당 부서장과 협의하여 변경하고 다음 사항을 고려하여야 한다.

　　1) 변경의 목적 및 잠재적 결과

　　2) 경영시스템의 온전성

　　3) 자원의 가용성

　　4) 책임과 권한의 부여 또는 재부여

(주)이큐	절차서	문서번호	EQ-P-0602
		제정일	20XX. XX. XX
		개정일	20XX. XX. XX
	목표관리	개정번호	01
		PAGE	5 / 5

9. 기록

NO	서식명	서식번호	보존연한	보관부서
1	목표 및 세부 추진계획/실적서	EQP-0602-01		
2	세부목표 변경 요청서	EQP-0602-02		

(주)이큐	절차서	문서번호	EQ-P-0701
		제 정 일	20XX. XX. XX
		개 정 일	20XX. XX. XX
	자원관리	개정번호	01
		PAGE	1 / 6

1. 적용 범위

본 절차서는 품질경영시스템(이하 "경영시스템이"라 한다)의 (주)이큐(이하 "조직"이라 한다)의 자재, 설비, 기반 구조, 프로세스 운용 관리 방법 및 절차에 대해 규정한다.

2. 목적

본 절차서는 경영시스템의 수립, 실행, 유지, 지속적 개선을 위하여 필요한 자원을 결정하고 제공함을 목적으로 한다.

3. 용어와 정의

3.1 기반구조

조직의 운영에 필요한 시설, 장비 및 서비스의 시스템

3.2 프로세스

의도된 결과를 만들어 내기 위해 입력을 사용하여 상호 관련되거나 상호 작용하는 활동의 집합

3.3 교정(CALIBRATION)

국가교정기관 관리 규정에 의거 한국표준과학연구원의 국가원기 및 표준기와 소급성이 유지된 표준계량 시험기로서 교정대상 설비를 검증, 조정하는 것

4. 책임과 권한

4.1 관리책임자

　　1) 자원의 취급 보관상태 점검 결과 확인

　　2) 제조설비에 대한 점검 및 설비관리

4.2 관리담당자

검사설비에 대한 교정 신청 및 설비의 정밀 정확도 관리

4.3 해당자

생산 현장에서의 제품 취급, 보관 및 보존 상태 점검

5. 관리 절차

기존 내부자원의 능력과 제약사항 및 외부 공급자로부터 획득할 필요가 있는 것을 결정해야 한다.

1) 생산 제품별 PARTS LIST를 작성하여 외부 공급자부터 획득할 부품을 관리한다.

2) 공정도를 작성하여 외부 공급자에게 맡길 공정을 관리한다.

3) 외부에서 제공되는 프로세스는 조직에서 정한 기준을 따르도록 평가, 관리한다.

6. 기반구조

6.1 프로세스 운용 및 제품, 서비스의 적합성 달성에 필요한 기반구조를 결정, 제공 및 유지하여야 한다.

6.2 원, 부자재 구매

1) 원, 부자재에 대한 구매 기준을 정하고 관련 내용을 PARTS LIST를 작성하여 관리한다.

2) 원, 부자재 구매 관리는 "외부 공급자 관리 절차서"를 따른다.

6.3 제조설비 및 검사설비 관리

　1) 신규설비의 구입이 필요한 경우 "외부 공급자 관리 절차서"에 따라 신청서를 경영지원부서에 의뢰하며 최고경영자의 승인을 받은 후 승인된 사양에 따라 구매한다. 모니터링 자원과 측정 자원은 아래 사항을 충족하여야 한다.

　　(1) 수행되는 특정 유형의 모니터링과 측정 활동에 적절함

　　(2) 자원의 목적에 지속적으로 적합함(fitness)을 보장하도록 유지됨

　　(3) 자원의 목적에 적합하다는 증거로 문서화된 정보를 보유하여야 한다.

　2) 관리대장 등록

　　(1) 관리부서장은 제조설비 구입이 완료되면 "설비 관리대장"에 등록한다.

　　(2) 관리담당자는 검사설비 구입이 완료되면 "계측장비 관리대장"에 등록한다.

　3) 이력카드 작성

　　(1) 관리책임자는 설비 등록대장에 등록된 설비에 대해 "설비 이력카드"를 작성한다.

　　(2) 관리담당자는 검사설비 관리대장에 등록된 설비에 대해 "계측장비 이력카드"를 작성한다.

　4) 다음과 같은 식별표를 해당 설비에 부착하여야 한다. EQ-0000(EQ -영문, 0000-일련번호 4자리)

장비명		
관리번호		
관리자	정	
	부	
(주)이큐		

　5) 설비의 점검

　　(1) 점검 대상은 설비 관리대장에 등록된 설비에 대해 점검함을 원칙으로 한다.

　　(2) 항목별 일일 점검, 주 점검, 월 점검으로 구분하며 "설비 점검표"에 따라 점검을 실시한다.

(3) 점검자는 점검기준에 의거 점검을 하고 "설비 점검표"에 점검 결과를 기록하여하여야 한다. 점검 결과 설비의 성능 및 가동 상 중대한 문제 발생 시 관리부서장에게 보고하여야 하며 점검 결과 미비한 이상 또는 즉시 수리가 가능한 경우 담당자에게 통보하여 즉시 수리하도록 한다. 검사설비의 경우 교정기준에 벗어난 경우 앞서 실시한 검사 및 시험 결과에 대한 유효성을 평가하여야 한다.

(4) 관리책임자는 설비 사용 중 또는 점검 결과 중대한 이상이 발견되면 수리 또는 외부 검·교정을 결정하여 최고경영자에게 보고한 후 처리한다.

(5) 설비 수리가 불가능하거나 폐기를 시켜야 할 경우 관리책임자는 최고경영자의 승인을 받고 설비를 폐기하며, 관련 내용을 "설비 관리대장"에 기록한다.

6.4 측정 소급성

1) 교정의 대상 설비는 모든 부서에서 시험, 검사 및 시험용으로 사용하는 설비에 대해 실시함을 원칙으로 한다(단, 시험 설비 XRF는 교정 대상 외품으로 지정하고 자체 검·교정을 실시한다).

2) 국가공인 계량표준법에 따라 검·교정을 실시하며 별도 교정주기가 정해져 있지 않은 설비의 경우 1년을 원칙으로 한다.

3) 사외교정은 국가 공인 연구기관 또는 국가 계량 및 시험표준의 유지기관 등 공인된 교정검사 기관에 의해 교정을 받아야 한다.

4) 관리담당자는 매년 12월 중에 검·교정 대상실비에 대해 "검·교정 계획서"를 수립하여 최고경영자의 승인을 얻고 교정을 실시하여야 하며 사외 교정의 경우 공인된 기관에서 검·교정을 받아야 하고 검·교정 성적서를 보유 하고 있어야 한다. 운휴 중이거나 생산에 사용하지 않고 보관 중인 검사설비는 검·교정을 받지 않으며 사용 시에 교정을 받은 후 사용하여야 한다.

5) 검·교정 검사가 완료된 기기에 대해서는 사외 교정 필증 및 교정성적서가 보유되어 있어야 한다. 특히 교정 필증은 훼손이 없도록 주의하며 교정 필증의 미부착 상태는 미교정으로 처리한다.

6) 교정상태 및 후속되는 측정 결과를 무효화할 수 있는 조정, 손상 또는 열화로부터 보호되어야 한다.

6.5 운송자원 및 정보통신 기술

　1) 프로세스 운용 및 제품, 서비스의 적합성 달성에 필요한 운송자원 및 정보통신 기술을 결정, 제공 및 유지하여야 한다.

　2) 조직에 필요한 운송자원 및 정보통신 기술은 각 부서장의 요청으로 관리책임자가 검토하며, 검토 결과 필요하다고 판단된 자원은 구매 절차를 통해 구매한다.

7. 조직의 지식

7.1 조직은 프로세스 운용에 필요한 그리고 제품 및 서비스의 적합성 달성에 필요한 지식을 정하여야 한다.

7.2 이 지식은 유지되고, 필요한 정도까지 이용 가능하여야 한다.

7.3 변화하는 니즈와 경향(trend)을 다룰 경우, 조직은 현재의 지식을 고려하여야 하고, 추가로 필요한 모든 지식 및 요구되는 최신 정보의 입수 또는 접근 방법을 정하여야 한다.

7.4 조직의 지식은 조직에게 특정한 지식으로, 일반적으로 경험에 의해 얻어진다. 이는 조직의 목표를 달성하기 위하여 활용되고 공유되는 정보이다.

7.5 조직의 지식은 다음을 기반으로 할 수 있다.

　1) 내부 출처(예: 지적 재산, 경험에서 얻은 지식, 실패 및 성공한 프로젝트로부터 얻은 교훈, 문서화되지 않은 지식 및 경험의 포착과 공유, 프로세스, 제품 및 서비스에서 개선된 결과)

　2) 외부 출처(예: 표준, 학계, 컨퍼런스, 고객 또는 외부 공급자로부터 지식 수집)

8. 기록

NO	서식명	서식번호	보존연한	보관부서
1	설비 관리대장	EQP-0701-01		
2	설비 이력카드	EQP-0701-02		
3	설비 점검표	EQP-0701-03		
4	업무환경 점검표(현장용)	EQP-0701-04		
5	업무환경 점검표(사무실용)	EQP-0701-05		
6	계측장비 관리대장	EQP-0701-06		
7	계측장비 이력카드	EQP-0701-07		
8	조직의 지식 관리대장	EQP-0701-08		

(주)이큐	절차서	문서번호	EQ-P-0702
		제정일	20XX. XX. XX
		개정일	20XX. XX. XX
	인적자원관리	개정번호	01
		PAGE	1/5

1. 적용 범위

본 절차서는 품질경영시스템(이하 "경영시스템"이라 한다)의 (주)이큐(이하 "조직"이라 한다)의 모든 직원을 대상으로 실시하는 경영시스템 관련 교육훈련 및 역량, 인식에 대한 방법 및 절차에 대하여 규정한다.

2. 목적

본 절차서는 경영시스템의 효과적인 실행 그리고 프로세스의 운용과 관리에 필요한 인원을 정하고 인원에 필요한 역량을 결정하여 인식함을 목적으로 한다.

3. 용어와 정의

3.1 경영시스템 관련 교육

경영시스템 유지를 위한 교육 및 경영시스템 관련 직무 교육

3.2 O. J. T(On the Job Training)

실무지식을 습득하기 위한 직장 내에서 실시되는 모든 교육/훈련

4. 책임과 권한

4.1 관리책임자

　　1) 교육훈련계획서를 작성 최고경영자의 승인을 득한 후 교육훈련 업무를 수행한다.

　　2) 필요시 외부강사를 초빙해서 운영할 수 있다.

　　3) 교육목적을 달성하기 위하여 필요시 적절한 교재를 편집하여 교육훈련을 실시한다.

4.2 관리담당자

설계관리 작업자, 검사원, 특수공정 작업자 등 자격이 요구되는 인원 및 관리직 사원에 한하여 개인별 교육훈련 이력카드를 작성 비치한다.

4.3 각 부서장

인적자원이 필요한 역량, 적격성에 필요한 기준설정, 자격부여, 교육훈련을 계획하고, 실시하며, 효과성 평가 및 기록유지

5. 역량/적격성 관리

각 부서장는 다음 사항을 실행하여야 한다.

1) 경영시스템의 성과를 충족시키는 능력, 효과성 및 성과에 영향을 미치는 업무를 수행하는 인원에 필요한 역량 및 적격성을 결정
2) 이들 인원과 근로자가 적절한 학력, 교육훈련 또는 경험에 근거하여 역량이 있음을 보장
3) 적용 가능한 경우, 필요한 역량을 얻기 위한 조치를 취하고, 취해진 조치의 효과성을 평가
4) 역량의 증거로 적절한 문서화된 정보를 보유

6. 사내자격 인증요건

다음 조건을 충족하는 자에게 자격을 부여하는 것으로 한다. 인증의 유효기간은 1년으로 하며 유효기간의 만기 전 반드시 본 절차서에 의거하여 재인증이 부여되어야 한다. 인증된 자는 "자격인증 관리대장"에 기록하여 현황을 관리하여야 한다.

6.1 내부 심사원

"내부 심사절차서"에 따른 자격인정 요건을 충족한 자를 최고경영자가 선임한다.

6.2 최종 검사원

동종업계 경력 5년 이상 이며 각 부서장의 판단으로 업무에 적격한 자

6.3 신뢰성 검증

동종업계 경력 1년 이상 이며 품질부장의 판단으로 업무에 적격한 자

7. 사외자격 인증요건

자격 조건을 충족하는 자에게 증거 확인 후 자격을 부여하는 것으로 한다. 인증의 유효기간은 자격사항을 따르며, 유효기간의 만기 전 반드시 자격 조건에 의거하여 재인증이 부여되어야 한다. 인증된 자는 "자격인증 관리대장"에 기록하여 현황을 관리하여야 한다.

8. 인식

8.1 경영시스템 관련 인식

조직의 관리하에 업무를 수행하는 인원이 다음 사항을 인식하도록 보장하여야 한다.

1) 경영시스템 방침

2) 관련된 경영시스템의 목표

3) 개선된 성과의 이점을 포함하여, 경영시스템의 효과성에 대한 자신의 기여

4) 품질경영시스템의 요구사항에 부적합한 경우의 영향

8.2 사내교육

1) 신입사원이 입사할 경우 관리책임자는 각 부서장은 품질에 관련된 교육을 실시하여야 하며 "교육 결과 보고서"를 작성하여야 한다.

2) 해당부서장은 경영시스템 관련 직무를 수행하고 있는 인원의 업무 수행 능력을 향상시키기 위해 다음에 열거된 내용을 기준으로 "교육훈련 계획서"를 작성하여 최고경영자의 승인을 득하여야 한다.

   (1) 부서별 업무내용 등 직무수행에 필요한 기본지식이 변경되어 신규 교육을 실시할 필요가 있을 경우

   (2) 지식, 전문기능 또는 실무, 경영시스템 절차서, 표준 등이 변경 또는 새롭게 발행되어 교육을 실시할 필요가 있는 경우

　　(3) 업무 수행 중 부족하다고 판단되는 내용이 있는 경우

　3) 교육 대상자를 근무 장소 외에 집합시켜 실시하는 것을 원칙으로 하며, 필요시 현장에서 실시할 수 있다. 교육 자료는 반드시 보유한다.

　4) 교육 수료자는 교육 후 "교육 결과 보고서"를 작성하여 해당 부서장의 승인을 득하여야 한다.

8.3 사외교육

　1) 관리책임자는 익년도 연간 사외교육 계획을 수립하기 위해 매년 12월 중으로 해당 부서에 교육대상자 및 인원, 교육명 등의 자료를 접수받아 계획을 수립하며 대표이사의 승인을 득한 후 시행하여야 한다. 승인된 교육계획서는 해당 부서장에게 통보되어야 한다.

　2) 교육이수 후 "교육 결과보고서"를 작성하고 관리 부서장에게 제출하여 대표이사의 승인을 득하여야 하며 필요시 관련 직원에게 전달교육을 실시하여야 한다. 교육 결과 보고 시 접수 받은 수료증 또는 합격증을 첨부하여 보고함을 원칙으로 한다.

9. 교육의 평가

9.1 교육에 따른 평가는 다음의 방법에 따라 실시할 수 있다.

　1) 실기시험 또는 필기시험 또는 구두시험 또는 교육 결과보고서 검토

　2) 단, 사외교육은 수료증 또는 성적증명서로 대치할 수 있다.

9.2 교육평가를 통해 교육이수 불능자에 대해서는 재교육을 원칙으로 한다.

(주)이큐	절차서	문서번호	EQ-P-0702
		제 정 일	20XX. XX. XX
		개 정 일	20XX. XX. XX
	인적자원관리	개정번호	01
		PAGE	5 / 5

10. 기록

NO	서식명	서식번호	보존연한	보관부서
1	교육훈련 계획서	EQP-0702-01		
2	교육결과 보고서	EQP-0702-02		
3	개인별 교육훈련 이력카드	EQP-0702-03		

(주)이큐	절차서	문서번호	EQ-P-0703
		제정일	20XX. XX. XX
		개정일	20XX. XX. XX
	의사소통	개정번호	01
		PAGE	1 / 3

1. 적용 범위

본 절차서는 품질경영시스템(이하 "경영시스템"이라 한다)의 (주)이큐(이하 "조직"이라 한다)의 경영시스템에 관련되는 내·외부 의사소통에 대하여 적용한다.

2. 목적

본 절차서는 경영시스템의 관한 내·외부 의사소통에 필요한 프로세스를 수립하고 실행 및 유지하는데 목적이 있다.

3. 용어와 정의

3.1 의사소통

조직의 구성원들 간의 생각이나 감정 등을 교환하는 총체적인 행위

4. 책임과 권한

4.1 최고경영자

사내·외 이해관계자로부터 수집된 경영시스템 관련 정보의 확인 및 대책을 승인할 총괄 책임과 권한이 있다.

4.2 관리책임자

1) 경영시스템 관련 정보의 원활한 전파를 위한 방안을 수립, 실시하고 관련 정보의 해당부서 통보와 사외 불만 정보를 최고경영자에게 보고할 책임과 권한

2) 경영시스템 방침, 목표 및 성과를 전파하고 관리를 주관

3) 해당 정보 처리 결과 확인

4) 사내·외 이해관계자에게 회신

5) 경영시스템 관련 정보 기록유지 및 관리

(주)이큐	절차서	문서번호	EQ-P-0703
		제정일	20XX. XX. XX
		개정일	20XX. XX. XX
	의사소통	개정번호	01
		PAGE	2 / 3

4.3 관리담당자

1) 이해관계자의 니즈와 기대에 대해 검토하고 해결할 책임

2) 조직과 관련된 정보를 입수하고 관리책임자에게 통보할 책임

5. 업무 절차

5.1 경영시스템에 관련되는 내부 및 외부 의사소통 과정을 기획할 때, 다음을 포함하여야 하며 다양한 측면(성별, 언어, 문화, 독해능력, 장애 등)을 반영하여야 한다.

1) 의사소통 내용

2) 의사소통 시기

3) 의사소통 상대는 다음을 고려하여야 한다.

  (1) 조직 내부의 다양한 계층과 기능

  (2) 기타 이해관계자

4) 의사소통 방법

5) 의사소통 담당자

5.2 경영시스템에 관련되는 내부 및 외부 의사소통을 기획할 때 다음 사항을 실행하여야 한다. 의사소통 하는 경영시스템의 정보가 경영시스템 내에서 작성된 정보와 일치하며, 신뢰할 수 있음을 보장

5.3 내부 의사소통

1) 경영시스템 방침은 모든 조직 구성원이 숙지할 수 있도록 사내 게시판에 게시한다. 이를 이행하기 위한 목표는 해당 부서의 업무에 반영이 되도록 한다.

2) 해당 부서장은 방침 및 목표에 따른 책임 업무를 파악하고 업무수행 시에 반영한다.

3) 중요한 문제는 최고경영자에게 보고 후 결정하며 그 처리결과를 보고한다.

4) 경영시스템의 변경을 포함하여 조직의 다양한 계층과 기능에서 경영시스템과 관련된 정보에 대해서 내부적인 의사소통을 위해 사내 게시판과 이메일을 통하여 전달한다.

5.4 외부 의사소통

1) 외부 이해관계자의 요구 시에는 조직의 품질방침 및 활동사항을 외부 이해 관계자에게 공개한다.

2) 외부 이해관계자의 요구사항은 영업부서에서 접수, 등록, 대책 수립, 회신처리를 주관하며 의사소통 검토서에 기록, 유지 관리한다.

3) 접수된 이해관계자의 요구사항은 의사소통 등록대장 등록하여 관리한다.

6. 기록

NO	서식명	서식번호	보존연한	보관부서
1	의사소통 관리대장	EQP-0703-01		
2	회의록	EQP-0703-02		

(주)이큐	절차서	문서번호	EQ-P-0704
		제정일	20XX. XX. XX
		개정일	20XX. XX. XX
	문서관리	개정번호	01
		PAGE	1/6

1. 적용 범위

본 절차서는 품질경영시스템(이하 "경영시스템"이라 한다)의 (주)이큐(이하 "조직"이라 한다)의 경영시스템에 관련된 문서화 관리에 대한 책임과 권한, 방법 및 절차에 대하여 규정한다.

2. 목적

본 절차서는 경영시스템에 영향을 주는 업무를 기술한 문서가 올바르게 작성되고 최신 문서(관리본)가 사용됨으로써 업무가 효율적으로 이루어지며 경영을 위한 업무의 체계에 대해 정하고 이를 실시함으로써 관리 표준화 및 경영시스템 정착을 유도하는데 그 목적이 있다.

3. 용어의 정의

3.1 일반문서
업무 수행자들에게 해당 절차서의 준수를 요구하게 하기 위한 일반 행정문서(공문, 내부결재, 협조전, 팩스, 이메일 등)

3.2 표준서
회사의 표준 서식에 의해 작성된 매뉴얼, 지침(기준서), 표준작업 절차서 및 그에 의해 파생된 문서(매뉴얼, 지침(기준)서, 표준작업 절차서, 규정 등)

3.3 자료
경영시스템 활동의 효과적인 수행을 위해 해당 문서에 인용할 목적으로 외부에서 입수한 각종 규격 및 기술 자료 등

4. 책임과 권한

4.1 최고경영자

매뉴얼과 절차서를 승인한다.

4.2 관리책임자

표준서의 관리와 배포의 책임이 있다.

4.3 각 부서장

소속 부서의 업무와 관련된 모든 문서 및 자료 등을 관리하고 소속 인원에게 교육할 책임이 있다.

5. 업무 처리 절차

5.1 표준서의 관리

 1) 표준서의 제정 · 개정 · 폐지

  (1) 관리 책임자는 표준서의 제 · 개정, 폐지 사유가 발생하면 원안을 작성하여 표준서 겉표지와 함께 모든 부서장에게 회람을 시켜 검토를 의뢰한다.

  (2) 표준서의 작성 · 검토 및 승인 체계는 [표1]과 같다.

문서	원안 작성	검토	승인	등록
매뉴얼	경영지원부서, 품질관리부서	책임자	최고경영자	경영지원부서
절차서, 규정	경영지원부서, 품질관리부서	책임자	최고경영자	경영지원부서
지침, 기준, 작업표준	각 부서	-	각 부서장	각 부서

[표 1] 작성 · 검토 및 승인 체계

2) 표준서의 등록

　관리책임자는 표준서가 승인되면 문서 등록·배포 대장에 등록 유지한다.

3) 표준문서의 문서번호 부여 방법

　(1) 매뉴얼 문서번호

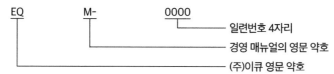

　(2) 절차서 문서번호

　(3) 지침, 기준, 작업표준 문서번호

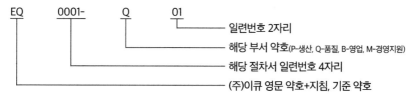

　(4) 서식 문서번호

　　1) 절차서 서식 문서번호

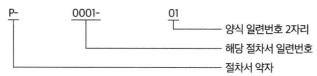

2) 지침, 기준, 작업표준 서식 문서번호

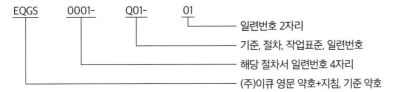

4) 표준서의 배포

(1) 관리책임자는 제정 및 개정된 표준서의 등록 후 해당 표준서를 관련 부서에 신속히 관리본으로 배포하여야 한다.

(2) 표준서의 배포는 모든 부서단위를 기준으로 실시하되, 배포 시 인접 부서일 경우 관리책임자는 조정하여 배포할 수 있다.

(3) 관리책임자는 표준서를 배포할 경우에는 해당 문서에 관리번호를 명기하여 배포하고 배포 받은 부서에서 최신본 상태를 식별할 수 있도록 하여야 한다.

5.2 일반 공문의 발송 및 접수

1) 경영지원부는 외부에서 팩스, E-Mail 등 업무와 직접적 연관된 공문이 접수되면 "외부문서 관리대장"에 기록한 후 해당 부서에게 전달하여야 한다. 공문 접수를 해당 부서에서 직접하는 경우 동일하게 관리대장을 운영하고 공문을 외부에 발송하는 방법도 공문접수 절차와 동일하게 운영하여 "외부문서 관리대장"에 기록해야 한다.

2) 발송 및 접수의 식별

(1) 대외 발송 문서는 FAX를 이용할 경우 표지를 사용하여 총 매수로 나타내 수신자의 확인을 용이하게 한다.

(2) 문서의 발송 및 접수 시 접수 및 발송 일자와 번호를 부여하고 그 내용을 "외부문서 관리대장"에 기록하여 관리하여야 한다.

5.3 기안 및 회의록 관리 절차

해당부서는 기안 및 회의를 임의적으로 수행할 수 있으며 기안의 경우 사본을 관리부로 통보하여야 하나 "회의록"의 경우 자체 부서에서 보관한다.

5.4 외부 출처의 문서화된 정보

해당 부서는 관리가 필요하다고 판단되는 외부 출처의 문서화된 정보에 대하여 등록 관리하고 년1회 이상 실질 조사 및 확인하여 최신본을 유지한다.

5.5 일반사항

　1) 경영시스템을 위한 문서화된 정보의 정도는 조직의 규모, 활동, 프로세스의 복잡성, 제품 및 서비스의 유형, 인원의 역량에 맞게 구성하야 한다.

　2) 문서화된 정보의 관리를 위하여, 다음 활동 중 적용되는 사항을 다루어야 한다.

　　(1) 배포, 접근, 검색 및 사용

　　(2) 가독성 보존을 포함하는 보관 및 보존

　　(3) 변경 관리(예: 버전 관리)

　　(4) 보유 및 폐기

　3) 적합성의 증거로 보유 중인 문서화된 정보는, 의도하지 않은 수정으로부터 보호되어야 한다.

　4) 문서화된 정보는 기밀유지에 대한 내용을 규정하여 관리 하여야 하며, 부적절한 사용 또는 훼손으로부터 보호되어야 한다.

　5) 필요한 장소 및 필요한 시기에 사용 가능하고 사용하기에 적절함

6. 문서의 개정관리

6.1 모든 문서의 개정 방법이 관련 절차에 명시된 경우를 제외하고는 본 절차에 따라 시행하며, 승인된 문서의 변경은 최초의 문서를 작성, 검토, 승인한 부서, 인원에 의해 작성 시와 동일한 절차에 따라 검토, 승인되어야 한다.

6.2 편집상의 오류, 철자오기, 페이지나 번호 변경 등 사소한 변경의 경우에는 처음 작성 시와 동일한 절차를 따를 필요가 없으며, 새로운 개정번호를 부여하지 않을 수 있다.

(주)이큐	절차서	문서번호	EQ-P-0704
		제정일	20XX. XX. XX
		개정일	20XX. XX. XX
	문서관리	개정번호	01
		PAGE	6 / 6

6.3 철자오기, 페이지 번호 변경 등 경미한 수정을 할 경우에는 수정할 부분에 두 줄을 긋고 수정자의 서명을 하되 수정액 등을 사용하여 수정할 수 없다.

6.4 문서, 도면, 계산서, 보고서등의 개정 시 표지에 개정번호, 개정목적/사유, 개정 일자 및 작성, 검토, 승인 등이 초기 발행부터 연속적으로 개정 이력사항에 표시 관리한다.

7. 기록

NO	서식명	서식번호	보존연한	보관부서
1	문서 제·개정 심의서	EQP-0704-01		
2	문서배포 관리대장	EQP-0704-02		
3	문서 목록표	EQP-0704-03		
4	외부문서 관리대장	EQP-0704-04		
5	디스켓/CD 관리대장	EQP-0704-05		

(주)이큐	절차서	문서번호	EQ-P-0801
		제정일	20XX. XX. XX
		개정일	20XX. XX. XX
	운용기획 및 관리	개정번호	01
		PAGE	1 / 2

1. 적용 범위

본 절차서는 품질경영시스템(이하 "경영시스템"이라 한다)의 (주)이큐(이하 "조직"이라 한다)에서 제품 및 서비스의 제공을 위한 프로세스에 대한 방법 및 리스크와 기회를 다루기 위한 활동, 경영시스템 목표를 달성하기 위한 기획을 실행하기 위해 필요한 프로세스 절차에 대하여 적용한다.

2. 목적

본 절차서는 조직의 제품 및 서비스의 제공을 위한 요구사항을 충족하며, 필요한 조치사항을 실행하기 위하여 프로세스에 대한 운용기준 수립에 목적이 있다.

3. 책임과 권한

4.1 관리책임자

일상 운영에 대한 사항을 총괄 관리

4.2 관리담당자

경영시스템의 운영을 위한 절차를 수립, 운영

5. 운용

5.1 다음 사항을 통하여, 제품 및 서비스의 제공을 위한 요구사항을 충족하기 위하여 필요한 그리고 리스크와 기회를 다루기 위한 활동에서 정한 조치를 실행하기 위해 필요한 사항을 계획, 실행 및 관리하여야 한다.

   1) 제품 및 서비스에 대한 요구사항 결정
   2) 다음에 대한 기준 수립
      ① 프로세스
      ② 제품 및 서비스의 합격 판정

3) 제품 및 서비스 요구사항에 대한 적합성을 달성하기 위해 필요한 자원의 결정

4) 기준에 따라 프로세스의 관리의 실행

5) 다음을 위해 필요한 정도로 문서화된 정보의 결정, 유지 및 보유

  ① 프로세스가 계획된 대로 수행되었음에 대한 신뢰 확보

  ② 제품과 서비스가 요구사항에 적합함을 실증

6) 기획의 출력은 조직의 운용에 적절하여야 한다.

7) 조직은 계획된 변경을 관리하고, 의도하지 않은 변경의 결과를 검토해야 하며, 필요에 따라 모든 부정적인 영향을 완화하기 위한 조치를 취하여야 한다.

8) 조직은 외주처리 프로세스를 적절한 방법을 통하여 관리하여야 한다.

8. 기록

NO	서식명	서식번호	보존연한	보관부서
1	제품 및 서비스 공정도 및 관리도	(자체서식)		
2				
3				
4				
5				

(주)이큐	절차서	문서번호	EQ-P-0802
		제정일	20XX. XX. XX
		개정일	20XX. XX. XX
	제품 및 서비스 요구사항	개정번호	01
		PAGE	1/6

1. 적용 범위

본 절차서는 (주)이큐(이하 "조직"이라 한다)의 고객 의사소통, 제품 및 서비스에 대한 요구 사항 결정, 요구사항의 검토, 계약체결 및 변경, 이행, 고객 불만 및 클레임 처리 업무 절차에 대하여 적용한다.

2. 목적

본 절차서는 고객의 요구사항을 명확히 식별하고, 동시에 계약관련 사항들에 대한 분석 및 조정을 통해 고객 요구가 충족될 수 있는 계약을 체결하고, 고객의 불만사항을 신속하게 처리함으로서 고객 만족을 극대화하고 고객의 신뢰를 확보하는데 그 목적이 있다.

3. 용어와 정의

3.1 고객
개인 또는 조직을 위해 의도되거나 그들에 의해 요구되는 제품 또는 서비스를 받을 수 있거나 제공받는 개인 또는 조직

3.2 고객만족
고객의 기대가 어느 정도까지 충족되었는지에 대한 고객의 인식

3.3 고객 요구사항
고객의 명시적인 니즈 또는 기대, 일반적으로 묵시적이거나 의무적인 요구 또는 기대

4. 책임과 권한

4.1 영업부서장
　1) 계약검토에 관한 문서화된 절차의 수립 및 유지
　2) 개별 내용에 대한 검토 및 필요 시 관련 부서 검토 요청

3) 고객과의 합의된 내용에 계약 내용에 대한 관련 부서 통보 및 관리

4) 계약 내용과 관련하여 의사소통의 창구 역할

4.2 관리담당자

1) 고객불만 내용의 확인 및 보고

2) 고객불만 처리부서 구성 및 통보

3) 고객불만 처리 내용 확인 및 고객 통보

4) 고객불만 처리 내용의 사후관리 및 경영검토 자료로 보고

5. 고객과의 의사소통

5.1 고객과의 의사소통에는 다음 사항이 포함되어야 한다.

1) 제품 및 서비스 관련 정보 제공

2) 변경을 포함하여 문의, 계약 또는 주문의 취급

3) 고객 불평을 포함하여 제품 및 서비스에 관련된 고객 피드백 입수

4) 고객 재산의 취급 및 관리

5.2 기존 거래처의 동일품 주문처리 업무절차

1) 고객의 문의 및 상담

영업부서장은 고객의 유선 상 주문사항이나 거래처 방문에 따른 고객의 상담 내용 중 제품, 규격, 수량, 가격, 납기, 연락처 등을 파악하여 이를 임원 및 최고경영자에게 보고한 후 지시에 따른다.

2) 주문 접수

영업부서장은 고객의 주문서가 접수되면 신규 또는 기존 거래 품목인지를 확인하고 검토하여야 한다. 주문 요구사항에 대해 검토 이전에 고객과 합의된 사항임을 보장해야 하며 필요 시 서면으로 확인을 받는다. 주문에 이상이 없을 경우 영업부서장은 "주문 관리대장"에 기록하여 관리하여야 한다.

5.3 신규 고객의 주문처리 업무절차

1) 견적서 작성

(1) 영업부서장은 고객이 견적을 요구한 경우 품명, 규격, 수량, 단가, 금액, 납기 예정일 등을 포함한 "견적서"를 작성하고 고객에게 제출하기 전에 대표이사의 검토 및 승인을 득하여야 한다.

(2) 견적서 제출 시 원가분석이 필요한 경우 원가 계산서를 작성하여 견적을 산출하며 제출된 견적서의 내역은 견적서철에 편철하여 보관 유지한다.

2) 주문 접수

영업부서장은 고객의 발주서 또는 주문서가 접수되면 고객 요구사항과 주문 요구사항을 검토한다.

3) 고객 요구사항 확인

영업부서장은 고객의 주문 접수 시 다음 사항에 대해 요구사항을 명확히 검토 확인한다.

① 제품명	② 규격
③ 수량	④ 가격
⑤ 납기	⑥ 검사조건
⑦ 지불조건	⑧ 기타 요구사항

6. 제품 및 서비스에 대한 요구사항의 결정

6.1 고객에게 제공될 제품 및 서비스에 대한 요구사항을 결정할 경우, 조직은 다음 사항을 보장하여야 한다.

  1) 적용되는 모든 법적 및 규제적 요구사항

  2) 조직에 의해 필요하다고 고려된 요구사항

6.2 조직은 제공하는 제품 및 서비스에 대한 요구를 충족시켜야 한다.

7. 제품 및 서비스에 대한 요구사항의 검토

7.1 요구사항의 검토

  1) 고객의 요구사항이 회사에서 생산되고 있는 제품 규격과 관리 활동으로 인도 가능한 경우 요구사항의 검토를 하고 고객의 요구사항을 만족시키도록 한다.

  2) 주문 요구사항 검토

    영업부서장은 고객의 주문 요구사항에 대하여 고객에게 제품 및 서비스의 공급을 결정하기 전에, 다음 사항을 포함하여 관련부서와 검토를 한다.

    (1) 현 생산능력 초과 또는 일정이 촉박하여 납기 준수가 불확실한 경우

    (2) 자재의 미확보로 입고 시기가 불확실한 경우

    (3) 표준시방 이외의 특별 주문 제품으로 시방 및 도면 변경 등이 필요한 경우

    (4) 인도 및 인도 이후의 활동에 대한 요구사항을 포함하여, 고객이 규정한 요구사항

    (5) 고객이 명시하지 않았으나 알려진 경우, 규정되거나 의도된 사용에 필요한 요구사항

    (6) 조직에 의해 규정된 요구사항

    (7) 제품이나 서비스에 적용되는 법적 및 규제적 요구사항

    (8) 이전에 표현된 것과 상이한 계약 또는 주문 요구사항

3) 고객이 문서화된 상태로 요구사항을 제시하지 않는 경우, 고객 요구사항은 수락 전에 조직에 의해 확인되어야 한다.

4) 검토 결과 및 제품 및 서비스에 대한 모든 새로운 요구사항은 문서화된 정보를 보유하여야 한다.

8. 제품 및 서비스에 대한 요구사항의 변경

8.1 주문 요구사항 조정

1) 영업부서장은 관련부서의 검토 내용이 고객의 요구사항과 당사의 여건이 상이하거나 조정이 필요한 경우에는 해결책과 함께 고객과 협의하여 원만한 합의를 이룬다.

2) 영업부서장은 견적서와 주문서 상의 상이점이 있는가를 확인하고 부적합 사항이 있으면 이를 고객과 조정하여 해결한다.

3) 고객의 변경 요청이 있는 경우 영업부서장은 계약 변경 사유가 발생하면 최초 계약 검토한 것과 동일한 방법으로 검토한다.

4) 영업부서장은 일단 정해진 계약이라도 고객이 변경 요구한 사항에 대해 이를 접수하여 영업부서장은 이를 검토하고 최고경영자의 승인을 받는다.

5) 제품 및 서비스에 대한 요구사항이 변경된 경우, 조직은 관련 문서화된 정보를 수정 후 관련팀에 배포하고 E-mail, 사내 인트라넷을 통해 관련 인원에게 변경된 사항을 전달하여야 한다.

8.2 SAMPLE 제작(필요 시)

1) 영업부서장은 고객과의 미팅 시 필요에 의해 SAMPLE 제작을 하며, SAMPLE 요청이 없으면 절차를 수행하지 않는다.

2) 영업부서장은 SAMPLE 제작 후 별도의 보고 없이 출하한다.

9. 기록

NO	서식명	서식번호	보존연한	보관부서
1	견적서	EQP-0802-01		
2	계약검토서	EQP-0802-02		

(주)이큐	절차서	문서번호	EQ-P-0803
		제정일	20XX. XX. XX
		개정일	20XX. XX. XX
	설계 및 개발	개정번호	01
		PAGE	1/8

1. 적용 범위

본 절차서는 (주)이큐(이하 "조직"이라 한다)의 설계와 개발 활동에 관련하여 제품 및 서비스의 품질 및 규정된 요구사항을 만족시키기 위한 설계와 개발 프로세스에 대하여 적용한다.

2. 목적

본 절차서는 조직의 설계와 개발 기획에서 입력, 출력, 변경관리 전반에 걸친 설계와 개발 프로세스를 관리하는데 목적이 있다

3. 용어와 정의

3.1 설계도서(DESIGN AND DEVELOPMENT DOCUMENT)
설계와 개발 업무에서 발생되는 도면, 구조계산서, 시방서 등의 총칭

3.2 설계계획(DESIGN AND DEVELOPMENT PLANNING)
설계와 개발 업무에 필요로 하는 주요사항의 검토 및 단계별 설계 일정계획

3.3 설계 입력요건(DESIGN INPUT REQUIREMENT)
설계와 관련된 각종 법규, 절차서, 각종 자료 및 설계 담당이 정한 설계 기준 등 설계 작업을 하기 위한 근거

3.4 설계 출력문서(DESIGN OUTPUT DOCUMENT)
설계 도서인 도면, 구조계산서, 시방서 및 설계 도서를 갖추기 위한 구성요소에 대한 기술적인 요구를 하기 위한 근거

3.5 설계 검토(DESIGN REVIEW)
설계를 수행하는 과정 중 부적합 사항 등을 밝혀내는 행위

3.6 설계 검증(DESIGN VERIFICATION)
설계 출력이 설계 입력 요건을 충족시켰는지 여부를 확인하는 행위

3.7 설계 검인정(DESIGN VALIDATION)
설계 검인정은 완성된 시설 및 제품(제작결과)이 고객의 요구에 적합한지를 결정하기 위해 결과를 확인하는 행위

3.8 설계 변경(DESIGN CHANGE)
설계 검증 및 출력 등을 마친 설계도서가 고객의 요구, 기술적 문제점 발견, 품질향상 등의 사유로 요구되는 경우로 다음의 경우가 포함된다.

4. 책임과 권한

4.1 개발부서장
  1) 설계기준 및 품질 요구사항에 대한 검증 및 승인
  2) 고객 요구사항에 맞는 설계 및 고객 타당성 확인
  3) 설계입력 및 출력자료의 검토 승인
  4) 설계 검토 및 설계변경사항에 대한 검토 승인
  5) 조직적 연계성 및 기술적 연계성
  6) 설계 자료의 발행, 배포 및 변경관리
  7) 도면의 검토 및 승인
  8) 출도 및 변경 도면의 승인
  9) 기타 도면 관리 업무

4.2 개발부서원

    1) 기본설계 관련 자료의 조사 및 취합

    2) 설계 단계별 실행 및 기본 자료에 의한 기초설계 확인

    3) 설계도면의 추측 및 도면 부위별 확인

    4) 설계 출력 문서의 배포 및 유지관리

    5) 설계변경 자료관리

    6) 도면 작성 및 관리

5. 설계와 개발 기획(품질 관련 설비, 자재 등에 대한 고려가 필요함)

5.1 설계와 개발 단계 및 관리

    1) 영업담당자는 고객과의 계약조건에 따라 관련 서류를 첨부하여 개발부서로 전달하여야 한다.

    2) 설계의뢰서를 근거로 이해관계자의 요구사항 및 준수의무를 검토하고 설계담당자에게 설계와 개발 계획을 수립하도록 지시한다.

    3) 설계담당자는 고객의 정보를 파악하고 공정단계별 프로젝트 내용이 포함된 설계와 개발 계획서를 작성하여야 하며, 설계와 개발 계획서에는 다음 사항을 고려하여야 한다.

        (1) 설계와 개발 활동의 성질, 기간 및 복잡성

        (2) 적용되는 설계와 개발 검토를 포함하여, 요구되는 프로세스 단계

        (3) 요구되는 설계와 개발 검증 및 실현성 확인/타당성 확인(validation) 활동

        (4) 설계와 개발 프로세스에 수반되는 책임 및 권한

        (5) 제품 및 서비스의 설계와 개발에 대한 내부 및 외부 자원 필요성

        (6) 설계와 개발 프로세스에 관여하는 인원의 관리 필요성

        (7) 설계와 개발 프로세스에 고객 및 사용자의 관여 필요성

        (8) 제품 및 서비스의 설계와 개발 이후의 공급을 위한 요구사항

   (9) 설계와 개발 프로세스에 대해 고객 및 기타 관련 이해관계자가 기대하는 관리의 수준

   (10) 설계와 개발 요구사항이 충족되었음을 실증하는데 필요한 문서화된 정보

   (11) 프로젝트 특성이 고려된 설계 투입인력과 설계 능력 면에서 협력업체의 활용여부

   (12) 설계업무 수행시 사내·외의 기술적, 법적 관련 조직의 범위와 관련 정도

4) 설계 담당자는 설계와 개발 계획서가 수립되면 개발부서장의 승인을 득한다.

5) 설계 인원은 자격인정 절차에 의거 자격이 인정된 자로 한다.

6. 설계와 개발 입력

6.1 설계와 개발 입력사항

1) 설계와 개발 계획서에 의해 지정된 담당자는 다음 사항을 고려하여 설계 입력 요건을 파악한 후 설계 입력서를 작성한다.

   (1) 기능 및 성능/성과 요구사항

   (2) 이전의 유사한 설계와 개발 활동으로부터 도출된 정보

   (3) 법적 및 규제적 요구사항

   (4) 조직이 실행을 약속한 표준 또는 실행지침

   (5) 제품 및 서비스의 성질에 기인하는 실패의 잠재적 결과

2) 설계담당자는 설계 입력 요소들의 불완전, 불명확 또는 상호 모순되는 요구사항은 설계 입력 이전에 이를 요구한 책임자와 협의하여 해결하여야 한다.

3) 개발부서장은 작성된 설계 입력서를 다음 사항에 의거 검토, 승인한다.

   (1) 입력선정 요건의 타당성 여부

   (2) 입력 요건 간의 상호 모순성

   (3) 입력 요건 내용의 정확성

4) 설계와 개발 입력에 대한 문서화된 정보를 보유하여야 한다.

7. 설계와 개발 관리

7.1 설계와 개발 검토

  1) 설계와 개발 단계별로 결과에 대하여 다음 사항을 포함하여 검토 후 설계와 개발 검토서를 작성하여 개발부서장에게 제출한다.

    (1) 설계 입력 요구사항 충족의 명확한 반영

    (2) 달성될 결과의 규정

  2) 설계 검토서는 개발부서장에 의해 승인 되어야 하며 검토 결과 제기된 문제점은 설계 담당에 의해 조치되어 개발부서장에 의해 검증을 의뢰한다.

7.2 설계 검증

  1) 설계 결과에 대한 입력 요건에 명확한 반영 상태를 확인하기 위해 다음 중 한가지 이상의 방법으로 설계 결과를 검증하고 그 결과를 "설계 및 개발검토/검증서"에 기록하여야 한다.

    (1) 시제품 제작

    (2) 이용 가능하다면 기존 입증된 유사 설계와의 비교

    (3) 시험과 실증의 실시

    (4) 설계 단계별 설계와의 비교

  2) 설계 검증결과 제기된 문제점은 최초 설계자(설계 협력업체 포함)에 조치된 후 설계 검증자에 의해 재검증 되어야 한다.

  3) 검증이 완료된 출력물에 대하여 개발부서장의 최종 검토 및 승인을 득하며 고객의 승인이 필요한 경우 고객의 승인을 득하여 필요한 곳에 배포, 관리한다.

7.3 설계의 실현성 확인

  1) 해당 설계 책임자는 설계된 제품이 특정하게 의도된 사용 요건에 충족하였음을 객관적으로 확인할 수 있는 증거를 고객이나 개발부서장으로부터 승인을 얻어야 한다.

(주)이큐	절차서	문서번호	EQ-P-0803
		제정일	20XX. XX. XX
		개정일	20XX. XX. XX
	설계 및 개발	개정번호	01
		PAGE	6 / 8

2) 설계 실현성은 최종제품을 원칙으로 하되 필요에 따라 최종제품 이전단계에서 해당 전문기관에 의해 사용조건을 만족시킬 수 있음을 고객 검증을 통해 확인할 수도 있다. 단, 자체 개발하여 고객의 타당성 평가가 필요치 않는 제품은 당사의 "설계 및 개발검토/검증서" 결과로 대체한다.

7.4 설계와 개발관리에 대한 모든 내용은 문서화된 정보의 보유가 이루어져야 한다.

8. 설계와 개발출력

8.1 설계와 개발 출력 관리

1) 설계와 개발 출력은 설계도면으로 도출되며 최종 설계 출력물은 개발부서장에 의해 검토되어야 한다.

2) 설계와 개발 출력물은 다음 사항을 만족시켜야 한다.

(1) 입력 요구사항 충족

(2) 제품 및 서비스 제공을 위한 후속 프로세스에 대해 충분함

(3) 모니터링과 측정 요구사항의 포함 또는 인용 그리고 합격 판정 기준의 포함 또는 인용

(4) 의도한 목적에 그리고 안전하고 올바른 공급에 필수적인 제품 및 서비스의 특성 규정

9. 설계와 개발 변경

9.1 설계와 개발 변경 관리

1) 설계변경의 요구되는 경우 관련 부서장은 설계변경 요청서에 설계변경 요구사항을 기록하여 개발부서에 전달한다.

2) 개발부서장은 설계변경 요구사항에 대한 타당성 검토를 하고 타당성이 인정되면 설계와 개발 변경 계획 및 결과를 관련 부서에 통보한다.

3) 고객의 승인이 요구되는 설계와 개발 변경사항은 고객의 서식으로 설계변경을 요청하여 승인을 받는다.

9.2 제품 및 서비스의 설계와 개발 과정, 또는 이후에 발생된 변경사항을 요구사항의 적합성에 부정적 영향이 없음을 보장하는데 필요한 정도까지 식별, 검토 및 관리하여야 한다.

1) 조직은 다음 사항에 대한 문서화된 정보를 보유하여야 한다.

  (1) 설계와 개발 변경

  (2) 검토 결과

  (3) 변경의 승인

  (4) 부정적 영향을 예방하기 위해 취한 조치

10. 도면관리

10.1 도면의 등록 및 작성

1) 도면은 국가 규격, 협회 규격 및 관련 사양서를 준수하여 작성되어야 하며, 작성된 도면은 분류별로 도면 번호를 부여하고 도면 관리대장에 등록하여 보관, 관리한다.

2) 도면 번호는 아래와 같이 각 도면마다 고유 번호를 부여한다. 고객 도면 번호가 있을 시 그 번호를 그대로 사용한다.

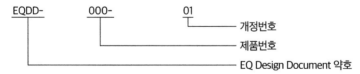

10.2 도면의 출도 및 회수

1) 업무상 도면의 출도가 필요한 경우 도면관리 담당은 도면 관리대장에 기재한 다음 개발부서장의 승인을 득한 후 도면에 "도면출도" 날인을 하고 아래에 수기로 출도 날짜를 기입한 후 출도하며, 이때 개정 도면 출도 경우 구도면의 회수에 대한 책임이 있다.

(주)이큐	절차서	문서번호	EQ-P-0803
		제 정 일	20XX. XX. XX
		개 정 일	20XX. XX. XX
	설계 및 개발	개정번호	01
		PAGE	8 / 8

2) 해당부서에서 업무상 필요에 따라 도면 출도가 필요한 경우 해당부서 담당자는 개발부서장에게 도면 출도 의뢰를 한다. 도면관리 담당자는 위의 1)항의 절차에 따라 도면을 출도한다.

10.3 도면의 변경

10.3.1 도면의 변경이 필요한 경우 도면 변경 요청서를 작성한 후 도면관리 담당자에게 송부하고 도면관리 담당자는 개발부서장의 승인을 득한 후 도면의 변경을 실시한 다음 도면에 검토 승인을 득한 후 개정된 부위 바로 옆에 △표시를 하고 도면 우측 상단에 변경일자, 변경 내용 및 변경 사유 등을 기록한다.

10.3.2 개정된 도면 배포는 개정번호 10.1 2)항 절차에 따라 배포한다.

10.3.3 개정 도면 접수부서는 개정 전 도면에 "참고용" 날인 후 개정된 도면의 사용 시점까지 사용할 수 있도록 한다.

10.3.4 개정된 도면의 적용시점 이후에는 개정 전 도면을 개발부서로 반환하여 도면이 부적절하게 사용되지 않고 폐기될 수 있도록 하여야 한다. 이때 도면 관리 담당자는 사용부서에서 개정 전 도면이 반환되면 도면 관리대장에 반환여부를 기록 후 개발부서장의 승인을 득한 후 즉시 폐기하여야 한다. 단, 참고용으로 보존의 필요성이 있을 시 "참고용" 날인 후 개발부서장의 확인 후 보존할 수 있다.

11. 기록

NO	서식명	서식번호	보존연한	보관부서
1	설계 및 개발 계획서	(자유서식)		
2	설계 및 개발 검토/검증서	EQP-0803-01		
3	설계 및 개발 검토/검증 체크리스트	EQP-0803-02		
4	설계 및 개발 협의서	EQP-0803-03		
5	도면 관리대장	EQP-0803-04		

(주)이큐	절차서	문서번호	EQ-P-0804
		제정일	20XX. XX. XX
		개정일	20XX. XX. XX
	외부공급자 관리	개정번호	01
		PAGE	1 / 4

1. 적용 범위

본 절차서는 (주)이큐(이하 조직 이라 한다)의 외부에서 제공되는 프로세스, 제품 및 서비스의 요구사항에 대하여 적용한다.

2. 목적

본 절차서는 외부에서 제공되는 프로세스, 제품 및 서비스가 요구사항에 적합함을 보장하는데 목적이 있다.

3. 용어와 정의

3.1 공급자
제품 또는 서비스를 제공하는 조직

3.2 외부공급자
조직의 일부분이 아닌 공급자로써, 제품 또는 서비스의 생산자, 유통업자, 소매업자, 판매자

3.3 계약자
합의된 계약서, 규정 및 조건에 따라 조직에 서비스를 제공하는 외부 조직으로 건설 업무도 포함될 수 있다.

4. 책임과 권한

4.1 구매담당자
　　1) 외부공급자 관련 서류와 기록의 작성, 보관, 유지
　　2) 외부공급자에 관련한 시장조사 및 시장분석
　　3) 외부공급자(구매, 외주)의 등록, 평가, 거래정지 및 등록 취소
　　4) 외부공급자 관련 제반 기록 보관 유지

5. 외부공급자 관리절차

5.1 일반사항

1) 경영지원부서는 외부에서 제공되는 프로세스, 제품 및 서비스가 요구사항에 적합하도록 관리하여야 한다.

2) 다음의 경우, 외부에서 제공되는 프로세스, 제품 및 서비스에 적용할 관리를 결정하여야 한다.

   (1) 외부 공급자의 제품 및 서비스가 조직의 제품 및 서비스에 포함되도록 의도한 경우

   (2) 제품 및 서비스가 조직을 대신한 외부공급자에 의해 고객에게 직접 제공되는 경우

   (3) 프로세스 또는 프로세스의 일부가 조직에 의한 결정의 결과로, 외부 공급자에 의해 제공된 경우

3) 조직은 외부공급자 관리에 대한 문서화된 정보를 보유하여야 한다.

6. 관리의 유형과 정도

6.1 외부에서 제공되는 프로세스, 제품 및 서비스가 법적 요구사항 및 기타 요구사항과 일관되고 경영시스템의 의도된 결과의 달성을 보장하여야 하며, 적합한 제품 및 서비스를 고객에게 일관되게 인도하는 조직의 능력에 부정적인 영향을 미치지 않도록 관리하여야 한다.

1) 관리책임자는 거래 협력업체를 평가함으로써 기존업체의 사후관리 활동을 통한 품질관리 강화를 유도하고 조직의 품질경영시스템 관리 내에서 유지됨을 보장하여야 한다.

2) 관리담당자는 외부공급자 평가를 매년 1회 실시한다.

3) 외부공급자 평가 생략(구매업체)

   (1) 조직과의 지난 1년간 거래 실적이 1억원 이상인 업체

   (2) 해당업체의 연간 매출액이 100억 이상인 기업

   (3) ISO 9001 인증 획득 업체

　　(4) 시장품, 기성품의 중간 도매업체 및 잡자재(장갑 등) 업체

　4) 모든 신규 등록을 원하는 거래 외부공급자는 다음의 서류를 제출하여야 한다.

　　(1) ISO 9001 인증서 사본(인증 획득한 업체에 한함)

　　(2) 국가공인규격 사본 혹은 외부공인기관 시험성적서 사본

　　(3) 사업자 등록증 사본, 회사 소개 자료(공장등록증, 인허가증 등)

　　(4) 통장사본, 약도

　5) 신규업체 평가 및 등록

　6) 평가에 따른 처리 평가에 따른 업체별 처리 방법은 다음 표에 따르며 등록 대상 시 외부공급자 등록대장에 등록하여야 한다.

등급	점수	업체구분	활용내용
A	85점 이상	등록 가능업체	• 수의계약 가능 • 자재 발주의 우선순위 부여 • 견적 참가 우선순위 부여
B	70점 이상 85점 미만	등록 가능업체	• 자재 발주 대상 업체 • 견적 참가 자격 부여
C	70점 미만	등록 불가업체	• 개선요청 후 개선이 없을 시 거래업체 등록말소 및 견적 참가 제한 • 개선 시 재평가 원칙

　7) 등록업체 사후관리

　　관리담당자는 납기 및 작업진도 관리를 위하여 필요한 경우 작업공정, 검사 방법, 자재관리, 납품 방법 등에 대해 거래업체 지도를 실시하여야 한다.

7. 외부공급자를 위한 정보

7.1 조직은 외부공급자와 의사소통하기 이전에 요구사항의 타당함/충분함을 보장하여야 한다.

　7.1.1 조직은 다음 사항에 대한 조직의 요구사항을 외부공급자에게 전달하여야 한다.

　　(1) 외부공급자가 제공하는 프로세스, 제품 및 서비스

　　(2) 제품 및 서비스에 대한 기준

(3) 방법, 프로세스 및 장비에 대한 기준

(4) 제품 및 서비스의 불출에 대한 기준

(5) 요구되는 모든 인원의 자격을 포함한 역량/적격성

(6) 조직과 외부 공급자의 상호 작용

(7) 외부 공급자의 성과에 대하여 조직이 적용하는 관리 및 모니터링

(8) 조직 또는 조직의 고객이 외부공급자의 현장에서 수행하고자 하는 검증 또는 실현성 확인 활동

8. 기록

NO	서식명	서식번호	보존연한	보관부서
1	구매 요청서	EQP-0804-01		
2	발주서	EQP-0804-02		
3	자재, 입고, 출고, 재고관리	EQP-0804-03		
4	업체 실태 조사서	EQP-0804-04		
5	협력업체 관리대장	EQP-0804-05		
6	신규업체 평가서	EQP-0804-06		
7	협력업체 정기평가서	EQP-0804-07		
8	수입검사 성적서	EQP-0804-07		

(주)이큐	절차서	문서번호	EQ-P-0805
		제정일	20XX. XX. XX
		개정일	20XX. XX. XX
	생산 및 서비스 관리	개정번호	01
		PAGE	1 / 8

1. 적용 범위

본 절차서는 (주)이큐(이하 "조직"이라 한다)의 모든 생산현장의 관리 절차에 대해 적용한다.

2. 목적

본 절차서는 품질에 직접적으로 영향을 주는 제조 공정을 안정된 상태로 규정된 제품을 생산하고 계획에 따른 일정관리 및 제조업무의 원활화를 목적으로 한다.

3. 용어와 정의

3.1 공정(PROCESS)
입력(투입)을 출력(산출)으로 변환시키는 일련의 상호 연관된 지원과 활동

3.2 공정 관리
공정분석과 개선, 공정능력의 파악, 작업개선, 표준시간 관리, 작업지도(표준)서 관리, 공정 이상 등을 관리하는 것

3.3 작업 표준
작업 방법 및 순서와 제조설비 및 장비의 사용방법, 절차, 조건, 제한치의 판단, 선택 기준 및 약속사항 이상발생 시 조치 사항 등을 문서화하여 정한 것

3.4 공정 이상
공정이 관리 상태를 벗어난 경우

3.5 식별표시
사양을 표시하기 위해서 포장이나 적치 장소에 부착하거나 표시하는 식별표 또는 표지판

3.6 추적성

물품의 제조 과정 또는 이력을 기록의 식별에 따라 추적할 수 있는 능력

4. 책임과 권한

4.1 생산부서장

　　1) 제조 업무에 영향을 미치는 공정관리와 각 공정별 담당자를 지휘 통솔 및 관리 감독

　　2) 특수공정 관리

　　3) 추적성 관리를 위한 관리 체계 선정 및 실행

　　4) 취급 보관상태 점검 결과 확인

　　5) 생산 완료 후 인도 최종 확인

5. 공정 관리 절차

5.1 공정순서의 결정

제품 제조의 공정순서 및 조건을 결정하여 "제조공정도" 상에 명시하여 관리한다. 제조공정도는 고객의 제공 자료를 적용하여 운영할 수 있다.

5.2 공정 작업 방법, 관리 항목, 기준, 수준

"제조공정도"에 명시된 관리 항목, 기준, 주기 등에 대해 공정별 별도 "작업 기준서"를 정한 후 최고경영자의 승인 후에 사용한다. 작업표준은 현장 게시를 원칙으로 한다.

5.3 특수공정의 관리

자격이 부여된 작업자를 배치하여 공정을 연속적으로 감시한다.

5.4 특수공정 작업자 자격기준

자격평가 및 이력 관리를 유지한다. 또한, 특수공정 작업자의 자격유지를 위하여 1년마다 자격인증평가를 갱신하여야 한다.

5.5 생산계획 및 준비

월별 생산계획을 잡는 것을 원칙으로 하나 필요 시 고객 주문량에 따라 작업지시서에 의거 생산계획을 수립한다. 단, 해당되는 경우 고객에서 제공한 주문서를 계획서로 대치하여 운영할 수 있다.

5.6 생산지시

월 생산계획 및 작업 지시서에 근거하여 생산을 실시하여야 하며, 작업자는 "제조공정도" 및 "작업표준서"에 근거하여 작업을 실시한다.

5.7 생산 실적관리

작업자는 생산에 따른 실적을 일일 단위로 생산 작업 일지에 기록하여 생산부서장에게 보고하여야 한다. 또한, 월간 단위로 계획 대비 실적 내용을 월간 생산보고서에 기록하여 대표이사에게 보고함을 원칙으로 한다. 단, 월간보고 자료는 공정의 지속적 개선뿐만 아니라 생산성분석 등의 내용이 포함되어 있어야 한다.

5.8 생산 이상조치

작업자 또는 관리 담당자는 동일 불량이 연속적으로 발생하거나 문제점 발생 즉시 생산부서장에게 보고한다. 공정 이상 발생에 대해서는 생산부서장 주관하에 관련 부서와 협의하여 부적합 및 시정조치 절차서에 따라 조치를 취한다.

6. 식별과 추적성

6.1 식별

6.1.1 관리책임자는 자재입고 후 품명별 및 규격별로 구분하고 "자재 식별표"를 부착함으로서 자재 식별 관리를 함을 원칙으로 하며 특별한 경우 입고일, 입고처, 검사합격유무를 표시하여 관리한다.

6.1.2 제품은 완제품 생산 후 식별을 명확히 하여 원활한 제품의 인도가 이루어지도록하며 생산부서장은 그에 따른 "제품 식별표"를 부착함으로서 제품 식별 관리를 하여야 한다. 식별은 파렛트 단위별 식별함을 원칙으로 한다.

6.1.3 부적합품의 식별은 제품의 추적이 가능하도록 꼬리표, 스티커, 라벨 등을 부착하고 잘못 사용될 가능성이 있을 경우 격리, 구분 저장토록 한다.

6.2 추적성

6.2.1 자재는 자재 발주 및 입고대장 또는 거래명세표 등에 입출내역을 기록함으로 추적이 가능토록 한다.

6.2.2 제품에 대하여 최종 검사 및 제조 공정까지의 작업자, 작업일, 품질상태 등의 정보에 대한 추적이 가능하여야 하며 고객과의 계약에 의할 경우에는 요구된 범위까지 가능하여야 한다.

6.2.3 로트번호는 상호 추적이 가능하도록 다음과 같이 번호를 부여한다.

예) IM-23A01-01(산업용모니터 2023년 1월 1일 01번째 제조)

6.3 생산 중 또는 생산 완료 후 하자 발생 시까지 자재의 추적은 입고일을 기준으로 LABEL, 꼬리표(TAG), 마킹(MARKING) 등 적절한 식별표시 또는 거래명세표(검수자 서명 후 사본 보관)에 의하여 추적이 가능토록 하여야 한다.

7. 고객 또는 외부공급자의 재산

7.1 조직은 조직의 관리하에 있거나, 조직의 사용 중에 있는 고객 또는 외부공급자의 재산에 대하여 주의를 기울여야 한다. 조직은 제품 및 서비스에 사용되거나 포함되도록 제공된 고객 또는 외부공급자의 재산을 식별, 검증, 보호 및 안전하게 유지하여야 한다.

7.2 고객 또는 외부공급자의 재산이 분실, 손상 또는 사용하기에 부적절한 것으로 판명된 경우, 조직은 고객 또는 외부공급자에게 이를 통보하여야 하며, 발생한 사항에 대해 문서화된 정보를 보유하여야 한다.

8. 보관 및 보존

8.1 보관

1) 현장에서 사용되는 모든 제품의 반입과 반출은 생산부서장의 승인하에서 이루어진다.

2) 적재는 품목별로 제품에 무리한 힘이 가해지지 않는 범위(높이)내로 적재한다.

3) 보관 방법

 (1) 현장에서 사용되는 원부자재, 고객재산 등은 사용이 쉽도록 품목, 종류, 규격별로 구분하여 보관한다.

 (2) 제작 및 설치 현장에 보관된 제품은 식별 및 추적성 관리에 따라 표시한다.

 (3) 휘발성 유류, LPG, 산소, 알곤 등 위험물은 직사광선을 피하고 통풍이 잘되는 지정된 장소(보관소)에 보관한다.

 (4) 방청, 방수 등이 요구되는 제품은 제품의 특성을 고려하여 취급, 보관 관리한다.

 (5) 자재 창고(보관소)는 안정성이 확보되고, 손상이나 열화를 방지할 수 있는 시설이어야 하며, 필요한 경우 다음 사항을 고려한다.

 ① 배수 및 통풍

 ② 화재예방 설비 및 기구

 ③ 외부 기상, 기후, 환경 변화에 견딜 수 있는 구역

④ 자재는 필요한 경우 선입선출이 되도록 정리, 정돈하여 보관

4) 점검

(1) 포장된 자재 및 제품의 보관 시 생산부서원은 수시로 품질의 손상여부를 확인하고, 이에 문제가 있다고 판단이 되면, 검사원에게 검사를 의뢰하고 검사 결과에 따라 처리한다.

(2) 생산부서원은 수시로 취급 및 보관상태를 점검하여 생산부서장에게 보고하며 생산부서장은 이를 확인한다.

(3) 생산부서장은 점검 내용에 따라 필요하다고 판단이 되는 경우 생산부서원에게 시정조치를 취하도록 지시한다.

8.2 보존

1) 제품 생산 후 보존을 위하여 보관 창고로 이동하여 관리하며, 제품 수량 관리를 실시한다. 필요시 제품의 보존 유효기간을 지정하여 유효기간 이전에 처리하도록 관리한다. 제품 보관창고는 온도, 습도를 정하고 관리하여야 한다.

2) 생산부서장은 제품이 출하 전까지 파손, 손상, 분실 등 기타 사용에 지장이 없도록 바닥에 흰색 페인트로 구역을 구분한 장소에서 보존하여야 한다.

9. 인도 후 활동

9.1 조직은 제품 및 서비스와 연관된 인도 후 활동에 대한 요구사항을 충족해야 한다.

1) 생산부서장은 생산한 모든 부분에 대하여 사용에 적합한 상태를 유지하여 고객 또는 그 대리인에게 인도한다.

2) 요구되는 인도 후 활동에 관한 정도를 결정할 때, 조직은 다음 사항을 고려해야 한다.

(1) 법적 및 규제적 요구사항

(2) 제품 및 서비스와 관련한 잠재적으로 원하지 않은 결과

(3) 제품 및 서비스의 성질, 용도 및 계획 수명

(4) 고객 요구사항

(5) 고객 피드백

10. 변경관리

10.1 조직은 생산 또는 서비스 제공에 대한 변경을, 요구사항과의 지속적인 적합성을 보장하기 위하여 필요한 정도까지 검토하고 관리하여야 한다.

10.2 조직은 변경에 대한 검토의 결과, 변경 승인자 및 검토 결과 도출된 필요한 모든 조치사항을 기술한 문서화된 정보를 보유해야 한다.

11. 제품 및 서비스의 불출/출시

11.1 조직은 제품 및 서비스 요구사항이 충족되었는지 검증하기 위하여, 적절한 단계에서 검사를 실시하여야 한다. 검사에 대한 절차는 "EQP-0901 성과측정 및 모니터링 절차서"에 따른다.

1) 계획된 결정사항이 만족스럽게 완료될 때까지, 제품 및 서비스는 고객에게 불출되지 않아야 한다. 다만, 관련 권한을 가진 자가 승인하고, 고객이 승인한 때(해당되는 경우)에는 불출할 수 있다.

2) 조직은 제품 및 서비스의 불출에 관련된 문서화된 정보를 보유해야 한다. 문서화된 정보에는 다음 사항이 포함되어야 한다.

(1) 합격 판정 기준에 적합하다는 증거

(2) 불출을 승인한 인원에 대한 추적성

12. 기록

NO	서식명	서식번호	보존연한	보관부서
1	작업표준서	EQP-0805-01		
2	작업 지시서	EQP-0805-02		
3	제조/QC 공정도	EQP-0805-03		
4	년간 생산계획 및 실적	EQP-0805-04		
5	월간 생산계획 및 실적	EQP-0805-05		
6	공정검사성적서	EQP-0805-06		
7	최종검사 성적서	EQP-0805-07		
8	제품검사 기준서	EQP-0805-08		
9	고객자산 관리대장	EQP-0805-09		
10	자재 점검 일지	EQP-0805-10		
11	자재 수불 대장	EQP-0805-11		
12	완제품 점검일지	EQP-0805-12		
13	변경점 관리대장	EQP-0805-13		

(주)이큐	절차서	문서번호	EQ-P-0806
		제정일	20XX. XX. XX
		개정일	20XX. XX. XX
	부적합 출력물 관리	개정번호	01
		PAGE	1 / 4

1. 적용 범위

본 절차서는 품질경영시스템(이하 "경영시스템"이라 한다)의 (주)이큐(이하 "조직"이라 한다)의 계약서, 시방서 및 고객의 요구 조건과 일치하지 않는 부적합 사항 관리에 대하여 적용한다.

2. 목적

본 절차서는 규정된 품질의 요구사항에 적합하지 않는 제품이 부주의로 사용되거나 출하되는 것을 미연에 방지함을 목적으로 한다.

3. 용어와 정의

3.1 부적합(NONCONFORMANCE)
규정된 요구사항의 불충족

3.2 부적합 보고서(NONCONFORMANCE REPORT: NCR)
부적합 사항을 관리할 목적으로 부적합 사항 처리 방안, 책임 조직 등을 기록한 보고서

3.3 재작업(REWORK)
부적합 품목을 재생산, 재조립 또는 기타 시정 방법에 따라 원래의 요건에 부합되도록 하는 것

3.4 수리(REPAIR)
부적합 제품의 결함사항이 본래의 요건에 만족하지 못하지만, 기능상 안전하고 신뢰할 수 있는 상태까지 부적합한 특성을 복구시키는 것

3.5 재등급(REGRADE)
부적합한 자재 또는 제품을 본래의 용도로 사용하지 않고 등급을 낮추어 사용하는 것

4. 책임과 권한

4.1 품질관리 부서장
부적합 사항에 대한 처리 방안 및 이행결과를 확인 및 승인

4.2 품질관리 시험검사업무 담당자
    1) 부적합 보고서의 작성 및 식별표시 및 분리보관
    2) 부적합 사항의 처리 방안을 통보
    3) 부적합 사항의 처리결과를 확인
    4) 부적합 보고서 및 관리대장의 기록유지

5. 부적합 식별 관리

5.1 조직은 의도하지 않은 사용 또는 인도를 방지하기 위하여, 제품 요구사항에 적합하지 않은 제품을 식별 및 격리하여야 한다.
    1) 조직은 부적합의 성질에 그리고 제품 및 서비스의 적합성에 대하여 부적합이 미치는 영향에 따라 적절한 조치를 취하여야 하며 제품의 인도 후 그리고 서비스의 제공 중 또는 제공 후에 발견된 제품 및 서비스의 부적합에도 적용하여야 한다.
    2) 품질관리부서 부적합 출력이 조치되는 경우, 요구사항에 대한 적합성이 검증되어야 한다.

5.2 조직은 다음의 문서화된 정보를 보유해야 한다.
    1) 부적합에 대한 기술
    2) 취해진 조치에 대한 기술

3) 승인된 특채에 대한 기술

4) 부적합에 관한 활동을 결정하는 책임의 식별

6. 부적합 처리 절차

6.1 부적합 발생 시 관련 내용을 부적합 보고서로 작성하여 원인 분석, 대책 수립을 하며, 발행자 및 필요 시 이해관계자에게 통보하여야 한다.

6.2 시스템에 대한 부적합은 "부적합 보고서"로 작성 후 조치하며, 제품에 대한 부적합은 "부적합품 보고서"로 작성 후 조치한다.

7. 부적합품의 식별 및 처리

7.1 검사원은 검사 및 시험결과 부적합품이 발생되면 해당 부적합 제품에 대하여 적색 스티커를 부착하고 별도의 부적합품 박스에 옮긴 후 시정조치/예방조치 요구서에 해당 사항을 작성, 시정조치/예방조치 발행 대장에 기록하고 생산부서장에게 송부한다(시험검사 업무 담당자는 적색 스티커가 부착된 제품은 공정에 투입되거나, 후속 공정이 진행되지 않도록 한다).

7.2 발생된 부적합품에 대해 부적합의 내용 및 상태를 명확하게 "부적합 보고서"에 기술하여 생산부서장에게 통보하여야 한다. 필요한 경우 "부적합 보고서"에 부적합품의 사진을 첨부하여 상태 파악을 명확히 이해할 수 있도록 한다.

7.3 계약서에 명시된 경우 및 고객 지급품의 경우 특채에 의하여 수리 또는 수리 없이 채택된 제품은 고객 또는 고객 대리인에게 보고한다.

7.4 부적합품의 처리 방법

　　1) 시정

　　2) 제품 및 서비스 제공의 격리, 봉쇄/억제, 반품 또는 정지

　　3) 고객 통지

　　4) 특채에 의해 인수를 위한 승인의 획득

　　　단, 재작업분에 대해서는 재검사를 실시하여야 하며 특채의 경우 고객의 승인을 필히 득하여야 한다.

8. 격리 보관

시험검사업무 담당자는 부적합 사항에 대하여는 적절한 조치가 이루어질 때까지는 일정 지역에 격리 보관한다.

9. 처리 및 확인

현장에서 발생된 부적합품의 현황은 일정기간 취합하여 정기 생산 실적 보고 시 종합적으로 보고되어야 하며 향후 품질경향 분석 자료 및 필요 시 예방조치 자료로 활용하여야 한다.

10. 기록

NO	서식명	서식번호	보존연한	보관부서
1	부적합품 보고서	EQP-0806-01		
2	부적합품 관리대장	EQP-0806-02		
3	특채 관리대장	EQP-0806-03		

(주)이큐	절차서	문서번호	EQ-P-0901
		제정일	20XX. XX. XX
		개정일	20XX. XX. XX
	모니터링, 측정, 분석 및 평가	개정번호	01
		PAGE	1 / 6

1. 적용 범위

본 절차서는 품질경영시스템(이하 "경영시스템이"라 한다)의 (주)이큐(이하 "조직"이라 한다)의 생산 제품에 사용되는 자재와 공정상의 표준 및 고객 만족 성과에 대한 모니터링, 측정, 분석 및 평가의 대상, 평가에 대한 방법, 수행 시기 등에 적용한다.

2. 목적

본 절차서는 조직의 모니터링, 측정, 분석 및 평가를 통하여 고객 만족을 목적으로 한다.

3. 용어와 정의

3.1 검사

제품의 특성을 계측, 조사, 시험, 측정하여 그 결과를 규정된 요건과 비교하여 합부를 판정하는 제반 활동으로써 인수검사, 공정 검사, 최종 검사 등을 밀한다.

3.2 시험

제품의 특성 또는 성능을 정해진 방법과 절차에 따라 조사하는 활동으로서 선정 시험, 관리시험, 검사 시험, 최종시험을 말한다.

4. 책임과 권한

4.1 품질관리부서 시험검사업무 담당자

   1) 입고 자재의 인수검사 및 제품의 최종검사 실시

   2) 공정 간 검사의 유지 및 확인

   3) 검사에 따른 기록 유지(신뢰성 시험 포함)

   4) 검사표준의 작성 및 유지

4.2 영업부서장

고객만족도 조사 실시 및 분석

5. 모니터링, 측정, 분석 및 평가 절차

5.1 일반사항

  1) 모니터링, 측정, 분석 및 평가 후 결과를 문서화된 정보로 보유하여야 하며 보고서에 는 아래사항과 같은 내용이 기록되어야 한다.

    (1) 다음 사항을 포함한 모니터링, 측정, 분석 및 평가의 대상

      ① 조직의 경영시스템 목표 달성에 대한 진행 상황

      ② 운용 관리 및 기타 관리의 효과성

    (2) 유효한 결과를 보장하기 위하여, 필요한 모니터링, 측정, 분석 및 평가에 대한 방법

    (3) 모니터링, 측정, 분석 및 평가 수행 시기

    (4) 모니터링, 측정, 분석 및 평가의 결과에 대한 분석 및 평가 시기

    (5) 조직의 경영시스템 성과를 평가할 것에 대한 기준과 적절한 지표

    (6) 모니터링 및 측정 결과를 분석, 평가, 의사소통해야 하는 경우

  2) 자재 및 생산 단위의 검사와 시험 상태는 수행된 검사와 시험을 고려하여 제품의 적 합성 여부를 표시하는 MARK, STAMP, TAG, LABEL, 검사 기록, 위치로 구분 또는 다 른 적절한 방법을 이용하여 확인되어야 한다.

5.2 제조공정도

  1) 품질관리부서의 시험검사업무 담당자는 관련자료(시방서, 도면, 법규, 규격 등)를 고 려하여 관리 계획서를 작성하여야 하며 세부내용은 다음의 사항이 포함되어 있어야 한다.

    (1) 검사 및 시험의 항목

    (2) 검사 및 시험의 주기 및 기준

(3) 검사 및 시험의 방법 및 검사자

(4) 관련 기록

6. 인수검사(입고검사, 수입검사)

6.1 인수검사는 당사가 구매한 자재 및 고객 지급품, 규격에서 요구하는 항목에 대해 생산 품질에 영향을 미치는 자재, 조립품 또는 장비에 대하여 실시한다.

6.2 입고되는 자재에 대해 인수검사를 실시하고 합격이 될 경우 자재 식별표를 하여 입고 조치하며 검사 결과는 원부자재 입출고 관리대장(수입검사)에 기록하여 검사자가 확인란에 서명한다.

6.3 검사 및 시험은 업체 성적서 또는 외부 공인기관에 시험을 의뢰하여 행위를 대신할 수 있으며 관계되는 자료를 확인하고 보관되어 있어야 한다.

6.4 검사 결과 구매요건과 일치하지 않는 자재 및 제품 또는 운반 도중 손상된 자재가 발견되면 부적합품 관리 절차서에 따라 처리한다.

7. 공정검사(중간검사)

7.1 수립된 절차에 따라 생산용 자재나 제품이 규정된 요건에 일치됨을 보장하기 위하여 품질관리 계획서 또는 제조공정도(Manufacturing Flow Chart), 검사표준에 따라 공정검사를 실시하여야 한다. 공정에 대한 관리 항목이 기타 규격에 지정된 경우 반드시 해당 규격의 요구사항을 만족하여야 한다.

7.2 공정검사 기록은 작업일지에 기록하여 품질관리부서장, 생산부서장에게 보고되어야 한다. 검사기록은 CHECK-LIST의 형태일 수도 있다.

8. 최종 검사

8.1 품질관리부서장은 검사와 공정검사가 적절히 실시됨의 여부를 각종 기록을 통해 확인한 후 품질관리 계획서 또는 제조 공정도(Manufacturing Flow Chart), 검사 표준에 따라 최종 검사를 실시하여야 한다. 공정에 대한 관리 항목이 기타 규격에 지정된 경우 반드시 해당 규격의 요구사항을 만족하여야 한다.

8.2 최종 검사 기록은 작업일지 최종검사란에 기록하여 품질관리부서장에게 보고되어야 한다. 검사기록은 CHECK-LIST의 형태일 수도 있다. 고객이 원할 시 최종 검사 성적서로 별도 작성하여 제출할 수 있다.

8.3 최종 검사 시에는 인수검사 또는 공정간 검사 시 발견된 부적합 사항의 처리결과도 확인되어야 하며 관련 자료가 문서가 작성되고 승인될 때까지는 모든 자재 및 생산품이 고객에게 인도되어서는 안된다.

9. 고객만족

9.1 고객의 인식 모니터링

1) 영업부서장은 고객만족도 조사의 필요성이 있는 업체를 선정하여 고객의 니즈 및 기대 충족 여부에 대한 고객 인식을 모니터링하여야 한다.

2) 아래 방법 중 조직 상황에 맞는 방법을 선택하여 년 1회 이상 실시한다.

(1) 고객 설문조사

(2) 인도된 제품 또는 서비스에 대한 고객 피드백

(3) 고객과의 미팅

(4) 시장점유율 분석

(5) 고객의 칭찬

(6) 보증 클레임

3) 조사를 실시한 후 영업부서장은 거래처별, 항목별 조사 내용을 분석하여야 하며 그 내용을 조직의 최고경영자에게 보고하여야 한다.

10. 분석 및 평가

10.1 조직은 모니터링, 측정, 분석 및 평가에서 나온 적절한 데이터와 정보를 분석하고, 평가하여야 한다. 분석의 결과는 다음 사항의 평가를 위하여 사용되어야 한다.

1) 제품 및 서비스의 적합성

2) 고객 만족도

3) 경영시스템의 성과 및 효과성

4) 기획의 효과적인 실행 여부

5) 리스크와 기회를 다루기 위하여 취해진 조치의 효과성

6) 외부공급자의 성과

7) 경영시스템의 개선 필요성

10.2 자료의 분석결과 산출된 각종 데이터는 적절한 방법을 사용하여 분석하고 도식화하여야 한다.

10.3 데이터 분석 시 부적합 분석은 구매제품의 경우 수입검사 품목별, 업체별, 유형별 분석을 하며 공정 및 최종 검사의 분석은 공정별, 부서별, 불량 유형별 등으로 분석하여야 한다.

10.4 해당 부서장은 산출된 데이터로부터 제작 및 생산, 자재의 문제점을 파악하고 해결 방안을 제시한다.

10.5 데이터 분석 보고서는 해당 부서장에 의해 관련 부서로 배포되어야 한다.

10.6 해당 부서장은 분기별 및 연도별 데이터 분석을 시행하도록 하여야 하며 데이터 분석 결과를 경영검토 시 반영되어야 한다.

11. 기록

NO	서식명	서식번호	보존연한	보관부서
1	연간 성과지표 관리대장	EQP-0901-01		
2	고객만족도 조사서	EQP-0901-02		
3	고객만족도 평가서	EQP-0901-03		

		문서번호	EQ-P-0902
(주)이큐	**절차서**	제정일	20XX. XX. XX
		개정일	20XX. XX. XX
	내부 심사	개정번호	01
		PAGE	1 / 5

1. 목적

본 절차서는 (주)이큐(이하"조직"이라 한다)에서 행하여지는 품질경영시스템(이하 "경영시스템"이라 한다)이 조직의 방침 및 목표를 만족하는가의 검증 및 경영시스템의 유효성을 판단하고 이를 개선하는데 그 목적이 있다.

2. 적용 범위

본 절차서는 조직의 경영시스템 이행 여부를 보증하기 위하여 경영시스템에 대한 내부 심사의 계획, 실행, 결과 보고 및 사후 관리에 대하여 적용한다.

3. 책임과 권한

3.1 최고경영자

   1) 연간 내부 심사 일정 검토 및 승인

   2) 내부 심사 결과의 검토 및 승인

3.2 관리책임자

   1) 내부 심사의 심사계획의 수립 및 통보

   2) 심사 보고서 등의 관련 기록을 보관 및 보존

   3) 심사 결과 보고서 작성 및 보고

   4) 심사 지적사항에 대한 시정조치 주관

3.3 심사원

   1) 내부 심사 체크리스트 작성

   2) 해당 부서에 대한 심사를 수행

   3) 심사 지적사항에 대한 심사 부적합 보고서 작성

	절차서	문서번호	EQ-P-0902
(주)이큐		제 정 일	20XX. XX. XX
		개 정 일	20XX. XX. XX
	내부 심사	개정번호	01
		PAGE	2 / 5

3.4 수감 부서장

1) 심사자가 요구하는 장소 및 자료를 제공

2) 심사 목적, 범위에 대한 부서원의 교육

3) 심사 지적 사항에 대한 확인

4) 심사 지적 사항에 대한 시정조치를 수행 및 결과 통보

4. 업무절차

4.1 심사 구분

1) 정기심사

부서별 심사 대상 분야에 따라 매년 1회 이상 실시함을 원칙으로 하며, 연간계획, 내부 심사계획서를 작성하여 최고경영자의 승인을 얻는다. 단, 부득이한 사정으로 심사 일정을 조정할 필요가 있을 경우에는 심사 계획일로부터 1개월을 초과하지 않는 범위 내에서 조정할 수 있다.

2) 특별심사

경영시스템 중 사전에 심사 승인되지 않은 중대한 결함 등이 있어 해당 부서장의 요청이 있을 경우 및 최고경영자가 필요하다고 인정할 경우 실시한다.

4.2 심사준비

1) 심사의 준비, 심사팀 구성, 해당 부서에 심사계획 통보는 관리책임자의 책임하에 실시한다.

2) 관리책임자는 내부 심사팀의 자격을 갖춘 자로 구성하여 내부 심사계획서를 작성하여 최고경영자의 결재를 득한다.

3) 심사원 선정 시는 피 심사부서의 업무와 독립적인 인원으로 선정한다.

4.3 자격인정 요건

1) 최고경영자는 심사원이 서면 및 구두로써 의사를 효과적으로 전달할 수 있는지 등의 의사전달 기술 보유 유무를 파악하여 심사를 원만히 수행할 수 있는 내부 심사원을 선임한다.

2) 심사원에 대한 자격 적격성을 보장하기 위해 심사원을 평가하여 적합 최소한 다음 사항 중 1가지 이상 만족하여야 한다.

   (1) 관련 업무 내부 심사원 전문교육을 수강한 자

   (2) 국가기술자격증 소지자

   (3) 내부 심사원 자격 평가를 통과한 자

3) 관리책임자는 심사원으로써 갖추어야 할 요건에 대하여 필요성을 파악하여 심사원에게 다음 분야의 교육훈련을 시킬 수 있다.

   (1) 해당 표준, 관련규격, 관련법규 및 기타 규제사항에 대한 지식과 이해

   (2) 경영시스템의 일반적인 구성 및 해당요소

   (3) 조사, 질문, 평가, 보고하는 심사기술, 시정조치 항목을 식별하고 확인하며 심사 중 지적사항을 마무리 짓는 방법

   (4) 심사 프로그램의 해당 요소 등에 관한 실습 및 참관

4) 심사원에 대한 자격 유효기간은 3년으로 하며 자격 연장을 위하여 필요시 최고경영자는 교육 및 훈련을 실시할 수 있으며 최고경영자가 심사원으로 결격사유가 있다고 판단하여 심사원으로 배제할 수 있다.

5) 심사원은 내부 심사 또는 인증기관 사후심사에 참여한 자를 우선으로 하며 자체적으로 교육 실시 후 내부 심사를 하게 할 수 있다.

6) 심사원은 피심사 조직이나 업무에 독립적인 조직에 속해 있는 사람이어야 한다.

7) 심사팀장은 자격이 인정된 심사원 중에서 선정하여야 하며 관리책임자가 선정하고 최고경영자가 승인한다.

4.4 심사 체크리스트 활용

관리책임자는 품질에 관한 내부 심사 체크리스트를 작성하여 필요한 범위 내에서 심사한다.

4.5 심사 실시

1) 심사는 심사계획에 의거 준비된 체크리스트에 따라 심사를 진행한다. 부적합 사항에 대해서는 부적합 사항별로 내부 심사 체크리스트 및 내부 심사 관찰 보고서에 발의한다.

2) 심사 결과는 문서화하여 피심사 부서의 책임자에게 전달되어 확인하도록 한다.

4.6 심사 결과의 처리

1) 관리책임자는 심사 대상 부서별 심사 부적합 사항을 종합한 심사결과 보고서를 작성하여 최고경영자의 승인을 득한다.

2) 내부 심사원은 내부 심사 관찰 보고서를 해당 부서장에게 통보하여 시정조치를 요구한다. 시정조치 요구를 받은 부서장은 7일 이내에 조치 계획을 수립하여 관리책임자에 제출한다.

4.7 시정조치의 확인

1) 관리책임자는 시정조치 계획을 확인하고 심사보고서 확인 결과란에 서명하며 미흡 시는 심사 부적합 보고서를 재발행 한다.

2) 관리책임자는 내부 심사 시 발행된 심사 부적합 보고서에 의거 시정조치 완료일로 부터 7일 이내에 확인하여야 한다.

4.8 후속심사

1) 관리책임자는 1개월 이내 전회 내부 심사에서 발행된 심사 보고서에 대해 시정조치가 계획에 의거 시행되었는지 확인하여야 한다.

2) 심사원은 실시 여부를 확인 후 심사 부적합 보고서의 후속 심사 결과란에 서명하여야 한다.

3) 관리책임자는 심사 결과를 취합, 정리하여 경영검토 자료로 제출하여 활용하도록 한다.

5. 기록 및 관리

NO	서식명	서식번호	보존연한	보관부서
1	내부심사 계획서	EQP-0902-01		
2	내부심사 실시 계획통보서	EQP-0902-02		
3	내부심사 체크리스트	EQP-0902-03		
4	내부심사 결과 보고서	EQP-0902-04		
5	자격인증 평가표	EQP-0902-05		
6	자격인증서	EQP-0902-06		
7	자격인증 관리대장	EQP-0902-07		

(주)이큐	절차서	문서번호	EQ-P-0903
		제정일	20XX. XX. XX
		개정일	20XX. XX. XX
	경영검토	개정번호	01
		PAGE	1 / 5

1. 목적

본 절차서는 경영검토 업무의 책임과 절차를 명확히 함으로써 제정된 품질경영시스템(이하 "경영시스템"이라 한다) 요구사항 및 실행 결과가 (주)이큐(이하 "조직"이라 한다)의 경영시스템 방침에 만족하며 효율적으로 유지·관리되고 있음을 보장하고 지속적인 개선을 유지하는데 그 목적이 있다.

2. 적용 범위

본 절차서는 경영시스템의 경영검토에 대한 절차 및 책임사항에 대하여 적용한다.

3. 용어의 정의

3.1 경영검토회의

경영시스템의 운영상황, 내부감사에서 제기된 문제, 시정 및 예방조치의 효과 등을 검토하고 경영시스템 중 방침, 문서의 적합성 및 효율성을 검토하기 위한 회의이다.

4. 책임과 권한

4.1 최고경영자

  1) 경영검토회의 의결사항 및 실행 결과에 대하여 승인한다.

  2) 시정조치에 대한 최종 승인을 한다.

4.2 관리책임자

  1) 경영검토 자료를 사전에 취합하여 최고경영자에게 보고한다.

  2) 회의록 작성 및 보관 책임이 있다.

  3) 경영검토회의 개최를 통보하고 회의 자료를 준비할 책임이 있다.

  4) 경영검토회의 결정 사항에 대한 확인 및 조치 결과를 최고경영자에게 보고할 책임이 있다.

5) 경영검토회의 간사 역할을 담당한다.

4.3 관련 부서장

1) 안건에 대한 검토 및 대책 사항을 준비할 책임이 있다.

2) 경영검토회의에서 토의 및 결정한 사항에 대하여 실행할 책임이 있다.

3) 안건의 회의 회부를 요구할 권한을 갖는다.

5. 업무절차

5.1 경영검토회의 구성

1) 의장 : 최고경영자

2) 간사 : 관리책임자

3) 위원 : 관련 부서장 또는 의장이 지명한 자

5.2 경영검토 입력 사항

1) 이전 경영검토에 따른 조치의 상태

2) 다음의 사항을 포함한 경영시스템과 관련된 내부 및 외부 이슈의 변경사항

　(1) 이해관계자들의 요구와 기대

　(2) 조직의 리스크와 기회

3) 방침 및 목표의 달성 정도

4) 다음의 경향을 포함한 경영시스템의 성과 및 효과성에 대한 정보

　(1) 고객만족 및 관련 이해관계자의 피드백 및 의사소통

　(2) 목표의 달성 정도

　(3) 프로세스 성과 그리고 제품 및 서비스의 적합성

　(4) 부적합 사항 및 시정조치 및 지속적 개선

　(5) 모니터링 및 측정 결과

    (6) 내부심사 결과

    (7) 외부공급자의 성과

    (8) 심사 결과

    (9) 리스크와 기회

  5) 효과적인 경영시스템의 유지를 위한 자원의 충족성

  6) 리스크와 기회를 다루기 위하여 취해진 조치의 효과성

  7) 이해관계자와 관련된 의사소통

  8) 지속적 개선을 위한 기회

5.3 경영검토 출력사항

상기 5.2항의 경영검토 입력 항목을 바탕으로 경영검토 출력 시에는 아래 사항과 관련된 모든 결정 사항 및 조치를 포함하여 출력한다.

  1) 지속적 개선 기회와 관련된 결정

  2) 경영시스템 변경에 대한 모든 필요성

  3) 자원의 필요성에 관한 사항

  4) 경영시스템의 지속적인 적절성, 충족성 그리고 효과성에 대한 결론

  5) 목표를 달성하지 못했을 때, 필요한 경우의 조치

  6) 조직의 전략적인 방향에 대한 모든 인식

  7) 필요한 자원

  8) 경영시스템과 기타 비즈니스 프로세스와의 통합을 개선하는 기회

  9) 조직의 전략적 방향에 대한 영향

  10) 경영시스템 및 그 프로세스의 효과성을 개선

5.4 경영검토 자료 집계

　1) 경영검토를 위한 자료를 관리책임자가 집계하여 정리한다.

　2) 자료 5.2항의 검토 항목을 기준으로 집계하며, 필요시 현황을 그대로 첨부할 수 있다.

　3) 관리책임자는 경영검토 자료를 관련 부서장으로부터 이관 받아 경영검토서를 작성한다.

5.5 경영검토 실시

　1) 경영검토는 최고경영자가 직접 주관하거나, 보고를 받을 수 있다.

　2) 경영검토 시 검토 내용을 경영 검토서에 기록한다.

　3) 경영검토 실시는 경영검토회의로 운영한다.

5.6 경영검토 결과의 처리

　1) 관련 부서장은 경영검토 시 지시사항이나 문제점에 대해 시정조치 계획을 수립하여 관리책임자에게 보고하고 관리책임자는 집계 검토 후 최고경영자에게 보고한다.

　2) 계획에 따른 시정조치를 완료하고 관리책임자가 집계하여 시정조치 내용의 유효성을 검토한다.

　3) 관리책임자는 경영검토에 대한 시정조치 결과를 최고경영자에게 승인을 득한다.

　4) 보고 시 유효성 검증이 미흡할 경우 차기 검토 시 반영되도록 조치한다.

6. 경영검토 방법 및 주기

6.1 정기검토

매년 12월에 1회 실시한다.

6.2 수시(특별)검토

내·외부 환경 변화로 시스템의 급격한 변화가 우려될 경우 중대 클레임 발생하였을 경우

(주)이큐	절차서		문서번호	EQ-P-0903
			제 정 일	20XX. XX. XX
			개 정 일	20XX. XX. XX
	경영검토		개정번호	01
			PAGE	5 / 5

7. 기록 및 관리

NO	서식명	서식번호	보존연한	보관부서
1	경영검토 보고서	EQP-0903-01		

(주)이큐	절차서	문서번호	EQ-P-1001
		제 정 일	20XX. XX. XX
		개 정 일	20XX. XX. XX
	개선	개정번호	01
		PAGE	1 / 5

1. 적용 범위

본 절차서는 품질경영시스템(이하 "경영시스템"이라 한다)의 (주)이큐(이하 "조직"이라 한다)의 요구사항의 충족, 이해관계자의 니즈와 기대의 충족, 경영시스템의 성과 및 효과성 개선에 대한 절차에 대해 규정한다.

2. 목적

본 절차서는 개선 기회를 결정하고 선택하여야 하며, 고객 요구사항을 충족시키고 고객만족을 증진시키기 위하여 필요한 모든 조치를 실행하는데 그 목적이 있다.

3. 용어와 정의

3.1 결함(DEFECT)

안전에 관한 것을 포함하여 의도된 사용, 요구사항 또는 합리적 기대에 충족되지 않음

3.2 시정조치(CORRECTIVE ACTION)

현존하는 부적합, 결함 또는 그 밖의 바람직하지 않은 상황의 재발방지를 위하여 원인을 제거하는데 취해진 조치

3.2 예방조치(PREVENTION ACTION)

잠재적인 부적합, 결함 또는 그 밖의 바람직하지 않은 상황의 재발방지를 위하여 원인을 제거하는데 취해진 조치

4. 책임과 권한

4.1 최고경영자

  1) 품질과 관련한 시정 및 예방조치 요구서 승인

  2) 시정 또는 예방조치 결과의 확인 및 발행된 시정 및 예방조치 요구서의 종결 승인

4.2 관리책임자

    1) 시정조치 및 예방조치 활동에 대하여 확인, 검토 책임

    2) 품질에 중대 결함 발생 시 최고경영자에게 보고

4.3 관련 부서장

    1) 발행된 시정 및 예방조치 요구서에 대하여 정상적인 해결 방법 제공

    2) 재발방지를 위한 대책 수립 후 최고경영자에게 보고

5. 개선

5.1 개선 일반사항

조직은 개선 기회를 결정하고 선택하여야 하며, 고객 요구사항을 충족시키고 고객만족을 증진시키기 위하여 필요한 모든 조치를 실행하여야 한다.

    1) 요구사항 충족에 대한 조치

    2) 미래의 니즈와 기대를 다루기 위한 제품 및 서비스의 개선에 대한 조치

    3) 시정, 예방 또는 바람직하지 않는 영향의 감소에 대한 조치

    4) 경영시스템의 성과 및 효과성 개선에 대한 조치

6. 부적합 사항 및 시정조치

6.1 부적합 사항의 대처

불만족에서 야기된 모든 것을 포함하여 사건 또는 부적합이 발생하였을 때, 다음의 사항을 실행하여야 한다.

    1) 부적합에 대처하여야 하며 해당되는 경우 다음의 사항을 포함한다.

        (1) 부적합을 관리하고 시정하기 위한 조치를 취함

        (2) 결과를 처리함

2) 부적합이 재발하거나 다른 곳에서 발생하지 않게 하기 위해서, 부적합의 원인을 제거하기 위한 조치의 필요성을 다음 사항에 의하여 평가하여야 한다.

　　(1) 부적합의 검토와 분석

　　(2) 부적합 원인의 결정

　　(3) 유사한 부적합의 존재 여부 또는 잠재적인 발생 여부 결정

3) 경영시스템 리스크에 대한 기존 평가사항의 적절한 검토

4) 관리단계 및 변경관리에 따라 필요한 모든 조치의 실행

5) 취해진 모든 시정조치의 효과성 검토

6) 기획 시 결정된 리스크와 기회의 검토 및 갱신

7) 새로운 또는 변경된 위험요인과 관련된 리스크를 조치하기 전에 평가

8) 필요한 경우 경영시스템의 변경

6.2 시정조치 통보서의 발행

시정조치 통보서 발행자는 다음과 같은 경우에 시정조치 통보서를 발행한다.

1) 경영검토 결과 시스템의 개선을 요하는 최고경영자의 지시사항

2) 수입검사, 공정검사, 최종검사 중에 부적합 사항이 발생한 경우

3) 내부심사 및 인증기관 심사 시 발생한 부적합 사항

4) 고객으로부터 불만사항이 발생되었을 경우

5) 경영시스템의 이행사항에 대한 불이행

6.3 대책 수립 및 이행

통보서를 접수한 부서/현장은 발행 내용을 검토하여 대책을 수립하여 부서장의 승인을 받은 후 담당자에게 보고한다.

(주)이큐	절차서	문서번호	EQ-P-1001
		제 정 일	20XX. XX. XX
		개 정 일	20XX. XX. XX
	개선	개정번호	01
		PAGE	4 / 5

6.4 결과 분석 및 보고

   1) 시정조치 및 예방조치 사항은 취해진 모든 시정조치의 효과성 검토 및 분석 후 취합하여 경영검토 자료로 보고한다.

   2) 시정조치 통보서의 작성된 후속조치 및 시정조치의 결과는 문서화된 정보를 보유하여야 한다.

   3) 시정조치 후 필요한 경우, 조직의 리스크와 기회의 검토를 통하여 갱신하여야 한다.

   4) 필요한 경우, 경영시스템의 변경

6.5 부적합의 재발방지

부적합의 원인을 제거하기 위한 조치의 필요성을 다음 사항에 의하여 평가하여야 한다.

   1) 부적합의 검토와 분석

   2) 부적합 원인의 결정

   3) 유사한 부적합의 존재 여부 또는 잠재적인 발생 여부 결정

7. 지속적 개선

7.1 담당자는 다음 사항에 따라 경영시스템의 적절성, 충족성 및 효과성을 지속적으로 개선하여야 한다.

   1) 분석 및 평가의 결과

   2) 내부심사 결과

   3) 경영검토 출력사항

   4) 경영시스템의 성과 향상

   5) 경영시스템을 지원하는 문화 촉진

   6) 경영시스템의 지속적 개선을 위한 조치의 실행에 근로자 참여를 촉진

8. 기록

NO	서식명	서식번호	보존연한	보관부서
1	개선추진실적 보고서	EQP-1001-01		
2	시정조치 요구서	EQP-1001-02		
3	시정조치 관리대장	EQP-1001-03		
4	개선추진 계획서	EQP-1001-04		

3. ISO 품질경영시스템 관련 양식

목차

01. EQP-0401-01 내부, 외부 이슈사항 파악표

주식회사 이큐	내부, 외부 이슈사항 파악표		작성	검토	승인
			/	/	/

항목	세목	이슈사항	당사현황	기회적요소	위협적요소	관리번호	비고
외부	지역적						
	법적						
	기술적						
	경쟁적						
	시장						
	문화적						
	사회적						
	경제적						
내부	가치적						
	문화적						
	지식적						
	성과적						

EQP-0401-01 　　　　　　　　　　주식회사 이큐 　　　　　　　　　　A4(210X297)

02. EQP-0401-02 이해관계자 파악표

주식회사 이큐	이해관계자 파악표	작성	검토	승인
		/	/	/

부서명		작성자		작성일자	

이해관계자		이해관계자 요구사항	준수 의무사항
구분	조직명		
(정부)			
(고객)			

EQP-0401-02   주식회사 이큐   A4(210X297)

03. EQP-0503-01 업무분장표

주식회사 이큐	업무분장표	작성	검토	승인
		/	/	/

부서명		시행일자		작성자	

직무	성명	업무내용

EQP-0503-01 　　　　　　　　　　　주식회사 이큐 　　　　　　　　　　　A4(210X297)

04. EQP-0601-01 리스크 및 기회관리 조치 계획서

주식회사 이큐	리스크 및 기회관리 조치 계획서	작성	검토	승인
		/	/	/

부서명		시행일자		작성자	

구분	주요 내용	조치 항목	추진일정	추진담당	비고
리스크					
기획					

EQP-0601-01 　　　　　　　　　　주식회사 이큐　　　　　　　　　　A4(210X297)

05. EQP-0601-02 SWOT 분석표

주식회사 이큐	SWOT 분석표	작성	검토	승인
		/	/	/

	강점(Strengths)	약점(Weakne00es)
내부 환경 외부 환경		
기회(Opportunities)	SO 전략	WO 전략
위협(Threats)	ST 전략	WT 전략

06. EQP-0602-01 목표 및 세부목표 추진계획/실적서

주식회사 이큐	목표 및 세부목표 추진계획/실적서	작성	검토	승인
		/	/	/

작성일		부서명	
페이지		작성자	

목표	세부목표 (기간)	목표달성방법	추진일정					담당부서	실행결과	비고
			년도	1/4	2/4	3/4	4/4			

EQP-0602-01 　　　　　　　　　주식회사 이큐 　　　　　　　　　A4(210X297)

07. EQP-0602-02 세부목표 변경 요청서

주식회사 이큐	세부목표 변경 요청서	작 성	검 토	승 인
		/	/	/

작성일자 :

작 성 자		작성부서	

요 청 부 서	변경내용	
	변경사유	
검 토 부 서	검토의견	
		검토자 :　　　/
승 인 자 :　　　　　　　　　　　　/		

08. EQP-0701-01 설비 관리대장

주식회사 이큐	설비 관리대장	관리부서	
		PAGE	1/1

번호	관리번호	설비 및 치구명	형식	수량	사용현장	비고

EQP-0701-01   주식회사 이큐   A4(210X297)

09. EQP-0701-02 설비 이력카드

주식회사 이큐	설비 이력카드	관리부서	
		PAGE	1/1

관리번호		작성일자	
성비명		형식	
구입일자		제작회사	

* 이력사항(보수, 점검, 수리, 교환, 이동에 관한 사항)

작성일자	이 력 사 항	상 태	현장명	확인자

EQP-0701-02　　　　　　　　　　주식회사 이큐　　　　　　　　　　A4(210X297)

10. EQP-0701-03 설비 점검표

<table>
<tr><td rowspan="2">설비명</td><td rowspan="2"></td><td rowspan="3" colspan="5" style="text-align:center"><h2>설비 점검표</h2></td><td rowspan="2">결재</td><td>작성</td><td>검토</td><td>승인</td></tr>
<tr><td rowspan="2"></td><td rowspan="2"></td><td rowspan="2"></td></tr>
<tr><td>설비
번호</td><td></td><td>이상발생 시
보고 순서</td><td>작업자</td><td></td><td>생산
팀장</td><td></td><td>공장
책임자</td><td></td></tr>
<tr><td>관리
책임자</td><td>정</td><td>부</td><td>점검
일자</td><td colspan="5" style="text-align:center">년   월</td><td></td><td></td><td></td></tr>
</table>

<table>
<tr><td rowspan="2"></td><td rowspan="2"></td><td rowspan="2"></td><td rowspan="2"></td><td rowspan="2"></td><td rowspan="2">범례</td><td>정상</td><td>○</td><td>이상</td><td>X</td><td>보수</td><td>◇</td></tr>
<tr><td>보충</td><td>□</td><td>교환</td><td>△</td><td colspan="2"></td></tr>
<tr><td></td><td></td><td></td><td></td><td></td><td rowspan="3">점검방법</td><td colspan="6">1. 점검 방법은 범례에 준하여 체크한다.</td></tr>
<tr><td></td><td></td><td></td><td></td><td></td><td colspan="6">2. 체크는 작업자, 점검은 관리 담당자가
한다.</td></tr>
<tr><td></td><td></td><td></td><td></td><td></td><td colspan="6">3. 기타 이상발생시 현장책임자 및 관리
댐당자에게 보고한다.</td></tr>
<tr><td colspan="5" style="text-align:center">■ 설비 일상 점검을 철저히 합시다.</td><td>기타사항</td><td colspan="6">1. 후면의 기계문은 감전의 위험이 있으니,
꼭 닫아주십시오.</td></tr>
</table>

NO	점검 내용	점검 기준	표기 방법	주 기	1	2	3	4	5	6	7	8	9	10	11	12	13	14	15	16	17	18	19	20	21	22	23	24	25	26	27	28	29	30	31
1																																			
2																																			
3																																			
4																																			

확인란	작업자 확인	
	관리자 확인	

NO	일 자	이상 발생 내용	원 인	대 책 및 조 치	비 고

11. EQP-0701-04 업무환경 점검표(현장용)

주식회사 이큐	업무환경 점검표 (현장용)	작성	검토	승인
		/	/	/

평가일자 :   년   월   일

구분	번호	평 가 내 용	평가자 (인)	평가자 (인)	평가자 (인)	평균
정리	1	불필요한 걸레, 장갑 등이 바르게 수집되어 있는가?				
	2	불필요한 치구, 공구, 부품이 바르게 수집되어 있는가?				
	3	설비 본체에 불용품, 사물 등이 놓여있는 않는가?				
	4	설비 주변에 불용품, 사물 등이 놓여있지 않는가?				
	5	폐기물, 불용품 등을 일정한 곳에 모아두고 있는가?				
정돈	6	통로, 물건 놓는 곳이 정확히 표시되어 있는가?				
	7	무게순으로 밑에서부터 차례로 쌓여져 있는가?				
	8	통로에 물건이 놓여있지 않은가?				
	9	두는 곳이 구분되어 있고 그곳에 바르게 놓여 있는가?				
	10	소화기 앞에 물건이 놓여있지 않은가?				
청소	11	바닥이 기름, 이물질, 물 등으로 더렵혀져 있지 않은가?				
	12	통로에 부품, 치·공구, 쓰레기 등이 떨어져 있지 않은가?				
	13	설비 본체의 구석구석까지 청소되어 있는가?				
	14	화장실, 금연장소 주변이 깨끗하게 청소되어 있는가?				
	15	청소도구는 필요한 것이 갖추어져 있는가?				
청결	16	기계가 깨끗하게 닦여져 있는가?				
	17	복장이 흐트러져 있지 않은가?				
	18	먼지, 분진, 공기오염, 냄새나는 곳은 없는가?				
	19	담배는 정해진 곳에서 피우고 있는가?				
	20	유휴설비 기일, 책임자명을 표시하고 있는가?				
습관	21	정해진 규칙은 지키고 있는가?				
	22	보호구는 정해진 것을 바르게 착용하고 있는가?				
	23	작업복은 바르게, 단추는 정확히 채워져 있는가?				
	24	안전화, 신발은 규정된 것을 신고 있는가?				
	25	정확히, 바르게 복장을 하고 있는가?				
계		25개 평가(만점 100점)				

※ 특기사항

※ 평가점수

범례	4점	상당히 좋음
	3점	보 통
	2점	미 흡
	1점	전 혀 안 됨

EQP-0701-04 　　　　　　　　　　　 주식회사 이큐 　　　　　　　　　　　 A4(210X297)

12. EQP-0701-05 업무환경 점검표(사무실용)

주식회사 이큐	업무환경 점검표 (사무실용)	작 성	검 토	승 인
		/	/	/

평가일자 :　년　월　일

구분	번호	평 가 내 용	평가자			평균
			(인)	(인)	(인)	
정리	1	서류, 도면, 자료 등이 바르게 보관되어 있는가?				
	2	개인 책상에 불필요한 비품, 자료 등이 있는가?				
	3	서류함 내에 불필요한 자료는 있는가?				
	4	폐기물, 불용품을 일정한 곳에 모아두고 있는가?				
	5	서류의 처리기준이 정해져 있는가?				
정돈	6	서류함과 비품의 표시는 한눈에 알 수 있는가?				
	7	통로와 물건 놓는 곳이 정확하게 표시되어 있는가?				
	8	두는 곳이 구분되어 있고 그곳에 바르게 놓여있는가?				
	9	서류와 비품은 정해진 장소에 보관되어 있는가?				
	10	게시판, 표어 등이 제대로 부착되어 있는가?				
청소	11	바닥이 기름, 이물질, 물 등으로 더렵혀져 있지 않은가?				
	12	통로에 쓰레기 등이 떨어져 있지 않은가?				
	13	청소분담 및 습관화가 되어 있는가?				
	14	책상, 창문 등이 구석구석 청소되어 있는가?				
	15	청소도구는 필요한 것이 갖추어져 있는가?				
청결	16	사무실에 들어왔을 때 상쾌한 느낌은 있는가?				
	17	복장이 흐트러져 있지 않은가?				
	18	먼지, 분진, 공기오염, 냄새나는 곳은 없는가?				
	19	담배는 정해진 곳에서 피우고 있는가?				
	20	유휴설비 기일, 책임자명을 표시하고 있는가?				
습관	21	쓸고 닦는 청소의 습관화가 되어 있는가?				
	22	모범적인 태도와 능동적인 자세로 업무에 임하고 있는가?				
	23	시간에 대한 정해진 규정을 지키고 있는가(근태/회의/휴식)?				
	24	조직내 불과 규칙을 잘 지키고 있는가?				
	25	상호간 인사 및 의사소통은 바르고 기분좋게 하고 있는가?				
계		25개 평가(만점 100점)				

※ 특기사항

※ 평가점수

범례	4점	상당히 좋음
	3점	보　통
	2점	미　흡
	1점	전 혀 안 됨

13. EQP-0701-06 계측장비 관리대장

주식회사 이큐	계측장비 관리대장	관리부서	
		PAGE	1/1

NO	관리번호	계측기명	규 격 (제작번호)	사용부서	검교정 관리			비고
					교정	점검	주기	

EQP-0701-06   주식회사 이큐   A4(210X297)

14. EQP-0701-07 계측장비 이력카드

주식회사 이큐	계측장비 이력카드	관리부서	
		PAGE	1/1

관리번호		용 도		장비명	
규 격		제작사		제작번호	
구입처		구입일자		구입가격	
부속품					

검교정 및 수리 이력

순번	검교정 일자	검교정 기관	차기교정예정일	수리이력 및 특기사항	확 인

EQP-0701-07　　　　　　　　　　　주식회사 이큐　　　　　　　　　　　A4(210X297)

15. EQP-0701-08 조직의 지식관리 현황표

주식회사 이큐	조직의 지식관리 현황표	작 성	검 토	승 인
		/	/	/

부서	필요지식	관련 부문	담당 자	획득 방법	보관 매체	전파/공유방법	활동내용

16. EQP-0702-01 ( )년 교육/훈련계획서

주식회사 이큐	( )년 교육/훈련 계획서	작성	검토	승인
		/	/	/

부서명		작성일자		작성자	

NO	교육대상	교육과정명	교육시간	교육월	교육기관 (장소)	비고

EQP-0702-01 　　　　　　　　　　　주식회사 이큐　　　　　　　　　　　A4(210X297)

17. EQP-0702-02 교육결과 보고서

주식회사 이큐	교육결과 보고서	작성	검토	승인
		/	/	/

교육명					
실시일자		시간		장소	
교육기관				강사	

교육내용	교육참가자

유효성 평가

18. EQP-0702-03 개인별 교육/훈련 이력카드

주식회사 이큐	개인별 교육/훈련 이력카드	관리부서	
		PAGE	1/1

소 속		성 명		직 급	
교육명	교육기간	교육장소	교육비용	비교	

EQP-0702-03 　　　　　　　　　　주식회사 이큐　　　　　　　　　　A4(210X297)

19. EQP-0703-01 의사소통 관리대장

| 주식회사 이큐 | 의사소통 관리대장 | 관리부서 | |
| | | PAGE | 1/1 |

부서명 :

순 번	외부기관/ 이해관계자	접 수		조 치		비 고
		접수일	접수내용	회신일	조치내용	

EQP-0703-01 주식회사 이큐 A4(210X297)

20. EQP-0703-02 회의록

주식회사 이큐	회의록	작 성	검 토	승 인
		/	/	/

문서번호		참석자	부서명	직 위	성 명	서 명
제 목						
주관부서						
회의일시						
회의장소						
회의내용						

EQP-0703-02   주식회사 이큐   A4(210X297)

21. EQP-0704-01 문서 제·개정 심의서

주식회사 이큐	문서 제·개정 심의서	관리부서	
		PAGE	1/1

심의번호 :

제 목	문서 제정 심의					
신청부서	• 부서명 :		• 부서장 :		• 신청일자 :	
문서명 (문서번호)						
신청내용 및 사유						
심 의	심의자	부서명				
		심의일자	/	/	/	/ /
	• 관련 부서 의견(별도의견)이 있는 경우에 기재바랍니다.					
승 인	검 토			승 인		
	• 검토자 : (인)			• 승인자 : (인)		
	• 일 자 :			• 일 자 : (인)		
시 행	• 승인자 지시사항(지시사항이 있는 경우) • 시행일자 :					

EQP-0704-01   주식회사 이큐   A4(210X297)

22. EQP-0704-02 문서배포 관리대장

주식회사 이큐	문서배포 관리대장	관리부서	
		PAGE	1/1

문서명	관리번호	배포일	배포처	비 고

EQP-0704-02   주식회사 이큐   A4(210X297)

23. EQP-0704-03 문서 목록표

주식회사 이큐	문서 목록표	관리부서	
		PAGE	1/1

부서 :

NO	파일번호	파일명	비 고

EQP-0704-03 　　　　　　　　　　　　　주식회사 이큐 　　　　　　　　　　　　A4(210X297)

24. EQP-0704-04 외부문서 관리대장

주식회사 이큐	외부문서 관리대장	관리부서	
		PAGE	1/1

NO	문서번호	문서명	발행처	재·개정내역	비 고 (점검 결과)

EQP-0704-04 　　　　　　　　　　주식회사 이큐 　　　　　　　　　　A4(210X297)

25. EQP-0704-05 디스켓/CD 관리대장

주식회사 이큐	디스켓/CD 관리대장	관리부서	
		PAGE	1/1

부서명 :

관리번호	위 치	제 목	담장자	비 고

EQP-0704-05 　　　　　　　　주식회사 이큐 　　　　　　　　A4(210X297)

26. EQP-0802-01 견적서

견 적 서

貴中

주식회사 이큐

참조 :

주 소 :
대표이사 :
대표전화 :
F A X :
관리번호 :

년   월   일

OOO에 대하여 아래와 같이 견적합니다.

見積金額 :	원정(VAT 별도)					
순 번	品 名	規 格	數 量	單 價	金 額	備 考
합 계 금 액						

주 기 :
  1. 대금지불조건 :
  2. 견적유효기간 : 견적 후 O 개월 이내

EQP-0802-01   주식회사 이큐   A4(210X297)

27. EQP-0802-02 계약 검토서

주식회사 이큐	계약 검토서	작 성	검 토	승 인
		/	/	/

작성부서		시행일자		작성자	

1. 사업개요

가. 사업명		발주처	
나. 사업기간		담당부서/담당	
다. 계약금액		전화번호	
라. 특기사항			

상기 내용을 참조하여 고객요구사항 절차서에 따라 검토 내용을 회신 바랍니다.

2. 주요 검토 항목 및 의견(검토의견이 많을 경우 별지 작성)

검토부서	검토항목	검토의견	검토자
구매부서	· 자재 수급 여부 · 자재 재고 현황		
품질부서	· 고객 요구 품질 실현 가능 여부 · 고객 요구 사항 실현 시 발생할 수 있는 부적합 사항		
생산부서	· 생산 관련 설비의 가용성 · 생산인력의 확보 · 납기내 출하 가능 여부 · 고객 요구 품질을 실현시킬 수 있는 설비 및 기술 자료 여부		

28. EQP-0803-01 설계 및 개발 검토/검증서

주식회사 이큐	설계 및 개발 검토/검증서 (□ 검 토　□ 검 증)	관리부서	
		PAGE	1/1

1. 사업번호			
2. 사업명			
3. 검토요청자	부 서	성 명	서 명
4. 검토대상 설계자료 (설계도서 1식)	□ 중간성과품 발행 후　　　□ 유효성확인 이전 □ 기타필요하다고 판단되는 경우		
5. 작성일			
6. 검토대상 설계자료	※ (　　　　) 안에는 검토방법 기재		

보고서	(　　　　)	입찰안내서	(　　　　)	
검토도면	(　　　　)	시방서	(　　　　)	
목록설계예산서	(　　　　)	설계기준서	(　　　　)	
설계계산서	(　　　　)	수량산출서	(　　　　)	
설계입력자료	(　　　　)	단가산출서	(　　　　)	

7. 검토회신기한	
8. 붙임	

※ 검토자 선임란 및 처리

구 분	검토자					일 자	검토분야
	부서명	분 야 별 책 임 개발자(실무P.M)		검토자			
		성 명	서 명	성 명	서 명		
해당부서 분야별책임 개발자(실무P.M)							

EQP-0803-01　　　　　　　　　　　주식회사 이큐　　　　　　　　　　　A4(210X297)

29. EQP-0803-02 설계 및 개발 검토/검증 체크리스트

주식회사 이큐	설계 및 개발 검토/검증 체크리스트 (□ 검토 □ 검증)	관리부서	
		PAGE	1/1

사업명		범례	
		Y	적합
검토분야		N	부적합
		NA	해당없음

번호	검토요소	결과	이견조정	비고
1				
2				
3				
4				
5				
6				
7				
8				
9				
10				
11				
12				
13				

추가검토 사항

부적합사항 및 처리방안

구분	이름	서명	일자
검토자			
주관부서장			
관련부서장			

EQP-0803-02   주식회사 이큐   A4(210X297)

30. EQP-0803-03 설계 및 개발 협의서

주식회사 이큐	설계 및 개발 협의서	작성	검토	승인
		/	/	/

과업명				
협의일자		년 월 일 시 분부터 시 분까지	협의장소	
참석자	발주처			
	회사			

* 협의내용 및 조치결과 *

일반사항	
~을	~으로

부적합사항	
부적합내용	조치결과

기타사항

31. EQP-0803-04 도면 관리대장

주식회사 이큐	도면 관리대장	확인	담당	부서장
			/	/

NO	일자	적용장비	재고번호 or 품번	품 명	관리유형 신규	관리유형 변경	개정차수	개정내용	배포부서	책임자 (인)

EQP-0803-04   주식회사 이큐   A4(210X297)

32. EQP-0804-01 구매요청서

주식회사 이큐	구매요청서	작성	검토	승인
		/	/	/

작성일		작성자	

NO	품명	규격	단위	부서별구매량		보수용	합계	재고	구매량	발주	입고

EQP-0804-01 　　　　　　　　　　　주식회사 이큐 　　　　　　　　　　　A4(210X297)

33. EQP-0804-02 발주서

발주서

0000

년 월 일

본사 :

貴中
TEL :
FAX :

품 명	규 격	수 량	단 가	금 액	납품일자	납품장소	비 고

∗ 납기일은 필히 엄수하시고, 납품의 불이행 및 제품상의 하자에 대한 모든 책임은 납품 업체에 있습니다.

상기 물품을 정히 발주함

년 월 일

담 당 : (서명)

EQP-0804-02　　　　　　　주식회사 이큐　　　　　　　A4(210X297)

34. EQP-0804-03 입고, 출고, 재고관리

입고, 출고, 재고관리

입고, 출고, 재고

품 목	단 위

No.

년 월 일		설 명	증빙번호	입 고	출 고	재 고	비 고

EQP-0804-03 　　　　　　　　　　주식회사 이큐　　　　　　　　　　A4(210X297)

35. EQP-0804-04 업체실태 조사서

주식회사 이큐	업태실태 조사서	작 성	검 토	승 인
		/	/	/

조사일자				조사자		
업체명		대표자		설립년월	
		사업자등록번호		업종 및 업태	
주소				TEL	
				FAX	

주요납품 품목		납품가능 품목	

주요품목 성능평가(별첨가능)

36. EQP-0804-05 협력업체 관리대장

주식회사 이큐	협력업체 관리대장		관리부서	
			PAGE	1/1

업체명	주 소	취급품목	담당자	전화번호	등록일	등급	정기 평가일	차기 정기 평가일

EQP-0804-05 　　　　　　　　　　　　　　주식회사 이큐 　　　　　　　　　　　　　　A4(210X297)

37. EQP-0804-06 신규업체 평가표

주식회사 이큐	신규업체 평가표	작 성	검 토	승 인
		/	/	/

업체명		평가일자	
취급품목		평가자	
평가방법	□ 방 문 □ 서 면	판 정	

세부평가내용

1. 이행능력

평가항목	배 점	세부항목	평가점수
1. 회사 설립년도 (또는 거래품목 생산기간)	10	10년 이상(10)	
		5~10년(8)	
		5년 이하(5)	
2. 종업원 수	10	20명 이상(15)	
		10명 이상(8)	
		10명 이하(5)	
3. 생산설비 보유 (취급품목 생산설비)	10	자체설비 충분함(10)	
		일부 부족함(8)	
		해당 안됨, 부족함(5)	
4. 기술 및 품질 인원 확보	10	각각 확보(10)	
		1분야 확보(8)	
		미 확보(5)	
5. 거리 및 공급방법	10	1시간 이내, 직접공급 가능(10)	
		2시간 이내, 직접공급 가능(8)	
		직접공급 불가(당사가 구입)(5)	
평가 결과	50		

2. 품질/기술능력

평가항목	배 점	세부항목	평가점수
1. 품질관리 실시 정도	10	자체 및 공인기관 의뢰 및 관리(10)	
		자체검사 성적서 발행(8)	
		성적서 미 발행(5)	
2. 생산관리 실시 정도	10	생산계획 수립 및 일정관리(10)	
		납기일정 관리(8)	
		관리 미흡함(5)	
3. 유사업체 공급 실적	10	방산 기구물 공급유지(10)	
		일반 공작기계 기구물 공급유지(8)	
		일반 시장판매(5)	
4. 기술자료 확보 여부 (규격, 도면, 기술표준 등)	10	확보/관리되고 있음(10)	
		확보되어 있으나 관리되지 않음(8)	
		관련표준을 갖추고 있지 않음(5)	
5. 제품, 시스템 인증	10	ISO, WSQ 인증(10)	
		기타 시스템, 제품 인증(8)	
		인증 없음(5)	
평가 결과	50		

EQP-0804-06 　　　　　　　　　　주식회사 이큐 　　　　　　　　　　A4(210X297)

38. EQP-0804-07 협력업체 정기 평가표

주식회사 이큐	협력업체 정기 평가표	작성	검토	승인
		/	/	/

업체명		평가일자	
취급품목		평가자	

세부평가내용

1. 방문실사평가

평가항목	배점	세부항목	평가점수
1. 품질관리 실시 정도	10	자체검사 및 부적합품 관리되고 있음(10) 검사는 하고 있으나 성적서 미 발행(8) 관리 미흡함(5)	
2. 생산관리 실시 정도	10	생산계획 수립 및 일정관리(10) 납기일정 관리(8) 관리 미흡함(5)	
3. 생산설비 관리 정도 (취급품목 생산설비)	10	주기적 점검 및 예방보전 관리(10) 예방보전 및 기록관리(8) 관리 미흡함(5)	
4. 문서 및 기록관리 정도	10	문서 확보 및 기록 파일링 관리되고 있음(10) 어느 정도는 관리되고 있음(8) 관리 미흡함(5)	
5. 자재 취급 정도	10	자재식별관리, 현장 5S 관리되고 있음(10) 어느 정도는 관리되고 있음(8) 관리 미흡함(5)	
평가 결과	50		

2. 실적평가

평가항목	배점	세부항목	평가점수
1. 품질 불량율	20	품질불량 없음(20) 불량률 0.5% 미만 또는 불량 1건 발생(15) 불량률 0.5% 이상 또는 불량 1건 초과 발생(10)	
2. 납기 준수율	20	납기지체 없음(20) 납기지체 5% 미만 또는 지체 1건 발생(15) 납기지체 5% 이상 또는 지체 1건 초과 발생(10)	
3. 협력도(단가, 긴급조치 등)	10	가격협의 및 긴급조치 협조 우수(10) 가격협의 및 긴급조치 협조 보통(8) 가격협의 및 긴급조치 협조 미흡(5)	
평가 결과	50		

3. 종합평가

평가항목	점수	후속 관리 및 조치
방문실사평가(50)		☐ 일반(71~80점) : 1년 단위 재평가 ☐ 우수(81~90점) : 2년 단위 재평가 ☐ 최우수(91~100점) : 3년 단위 재평가
실적평가(50)		

EQP-0804-07 　　　　　　　주식회사 이큐 　　　　　　　A4(210X297)

39. EQP-0804-08 수입검사 성적서

주식회사 이큐	수입검사 성적서	결재	담당	부서장
			/	/

관리번호 :

품 번		약도
품 명		
검사일자		
LOT NO		
합부판정	※ 合( )　　　不( )	

검사방식	AQL	N	n	Ac	Re

항목번호	검사항목	판정기준	검사방법	검사데이터					판정	비고
				X1	X2	X3	X4	X5		
특기사항								종합판정		

EQP-0804-08　　　　　　　　　주식회사 이큐　　　　　　　　　A4(210X297)

40. EQP-0805-01 작업표준서

주식회사 이큐	작업표준서	작성	검토	승인
		/	/	/

제품명	공정명	작업표준서 번호	설비명

중점관리항목	관리기준	관리방법	이상발생시 조치사항

작업내용(약도/공정도)	작업방법

부분설비명	예상문제점	조치사항	안전유의사항

재·개정일	개정내역/근거	확인	재·개정일	개정내역/근거	확인

EQP-0805-01 　　　　　　　주식회사 이큐　　　　　　　A4(210X297)

41. EQP-0805-02 작업지시서

주식회사 이큐	작업지시서	담 당	사 장
		/	/

사업명		의뢰일자	년 월 일
품 번		출고 예정일	년 월 일
제품명		현장상황	완, 급, 시급

EQP-0805-02   주식회사 이큐   A4(210X297)

42. EQP-0805-03 제조/QC 공정도

주식회사 이큐	제조/QC 공정도	작성	검토	승인
		/	/	/

작성자		작성일자	
품 명		재고번호	
제품식별번호		QC공정번호	

도시 기호	공정명	공정관리 및 검사						관련 표준	이상발생시 조치	
		관리항목	검사항목	검사기준	주기	담당자	계측기		방법	책임자

43. EQP-0805-04 20 (   )년 생산계획 및 실적

주식회사 이큐	( )년 생산계획 및 실적		작 성	검 토	승 인
			/	/	/

제품명		1/4 분기				2/4 분기				3/4 분기				4/4 분기				합계
		1월	2월	3월	계	4월	5월	6월	계	7월	8월	9월	계	10월	11월	12월	계	
	계획																	
	실적																	
	계획																	
	실적																	
	계획																	
	실적																	
	계획																	
	실적																	
	계획																	
	실적																	
	계획																	
	실적																	
	계획																	
	실적																	

EQP-0805-04 　　　　　　　　　　주식회사 이큐　　　　　　　　　　A4(210X297)

44. EQP-0805-05 월간 생산계획 및 실적

주식회사 이큐	월간 생산계획 및 실적	작성	검토	승인
		/	/	/

품명	목표량	구분	1	2	3	4	5	6	7	8	9	10	11	12	13	14	15	16	17	18	19	20	21	22	23	24	25	26	27	28	29	30	31	계
		계획																																	
		실적																																	
		계획																																	
		실적																																	
		계획																																	
		실적																																	
		계획																																	
		실적																																	
		계획																																	
		실적																																	
		계획																																	
		실적																																	
		계획																																	
		실적																																	

EQP-0805-05   주식회사 이큐   A4(210X297)

45. EQP-0805-06 공정검사 성적서

주식회사 이큐	공정검사 성적서	결재	담당	부서장
			/	/

관리번호		공정명	
품 명		공정번호	
원부자재 Lot 번호		작업자	
제조 Lot 번호		검사일자	
로트크기 N		검사요원	

※ 검사 및 시험 Data

항목번호	검사항목	판정기준	사용장비	검사데이터						합부판정	비고
				X1	X2	X3	X4	X5	X		
특기사항									종합 판정		

46. EQP-0805-07 최종검사 성적서

주식회사 이큐	최종검사 성적서	결재	담당	부서장
			/	/

검사일자		제품번호	
품 명		검사원	

구 분	검사항목	판 정	비 고
검사원 의견			종합판정

EQP-0805-07　　　　　　　　　　주식회사 이큐　　　　　　　　　　A4(210X297)

47. EQP-0805-08 (제품 이름)제품검사 기준서

주식회사 이큐	(제품 이름) 제품검사 기준서		관리부서	
			PAGE	1/1

도면번호		부품명 (원자재명)		Rev NO
규격명		재고번호		

(참고도)

결정등급	항목번호	항목명	기 준	품질확인 방법	시료채취 방법	AQL	비 고

EQP-0805-08 주식회사 이큐 A4(210X297)

48. EQP-0805-09 고객자산 관리대장

주식회사 이큐	고객자산 관리대장		관리부서	
			PAGE	1/1

품 명				규 격			단 위		
입고관리				출고관리			현재고	확인	
일자	LOT 번호	입고량	누계	일자	LOT 번호	출고량		창고	관리

EQP-0805-09 　　　　　　　　　주식회사 이큐 　　　　　　　　　A4(210X297)

49. EQP-0805-10 자재 점검 일지

주식회사 이큐	자재 점검 일지	관리부서	
		PAGE	1/1

점검일자		점검자		확인자	

NO	항목	점검상태	점검결과	비 고
1	창고의 청결상태	재고창고는 항상 깨끗하게 청소되어 있는가?		
2	자재의 정리상태	자재는 품목별로 분류되어 있는가?		
3	자재의 청결 및 외관상태	자재는 외관상 청결하고 녹이 슬거나 부식된 곳은 없는가?		
4	재고자재 목록표와 일치상태	자재목록표와 수량이 일치하는가?		
5	창고의 시건상태	자재의 도난을 방지하기 위한 시건장치는 잘되어 있는가?		
6	장비 및 공구류	공구의 청결상태는 깨끗하게 유지되고 있는가?		
7		공구의 작동상태는 이상이 없으며 부속품은 분실 또는 훼손된 것은 없는가?		
8		공구는 공구 품목표의 수량과 일치 하는가?		
9		수리를 요하는 공구는 자체 수리대기 혹은 외주 수리를 위하여 분리되고 있는가?		

EQP-0805-10 주식회사 이큐 A4(210X297)

50. EQP-0805-11 자재 수불대장

주식회사 이큐	자재 수불대장							관리부서			
								PAGE		1/1	

일자	내역	규격	단위	반입			반출	사용	재고	비고
				구입	전입	누계				

EQP-0805-11 주식회사 이큐 A4(210X297)

51. EQP-0805-12 완제품 점검일지

주식회사 이큐	완제품 점검일지	관리부서	
		PAGE	1/1

점검일자		점검자		확인자	

NO	항목	점검상태	점검결과	비고
1		제품은 지정된 장소에 보관되어 있는가?		
2		재질별, 류별로 구분 저장되어 있는가?		
3		특채, 설계 변경품, 부적합품은 지정 장소에 구분하여 보관되고 있는가?		
4		제품은 찾기 쉽고 알기 쉽게 구분되어 있는가?		
5		적재 높이의 규칙은 이행되고 있는가?		
6		선입선출이 가능하도록 적재되어 있는가?		
7	완제품 관리	창고내의 청결상태는 양호한가?		
8		창고 내 누수 부위는 없는가?		
9		통풍은 잘되고 있는가?		
10		직사광선으로부터 보호되고 있는가?		
11		바닥에 파레트를 사용하여 적재하고 있는가?		
12		식별표시는 정확히 부착되어 있는가?		
13		소화기는 비치되어 있는가?		

52. EQP-0805-13 변경점 관리대장

주식회사 이큐	변경점 관리대장		관리부서	
			PAGE	1/1

NO	프로젝트명	품명	품번	4M 변경사항					적용호기	변경내용	공급자 신고 후 진행			수요자 승인 후 진행			재승인 여부
				사람	설비	재료	방법	기타			신고일자	적용일자	신고NO	공정감사일자	적용일자	승인NO	재승인/해당없음

EQP-0805-13   주식회사 이큐   A4(210X297)

53. EQP-0806-01 부적합 보고서

주식회사 이큐	부적합 보고서	관리부서	
		PAGE	1/1

부적합 보고서			결재	담당	검토	승인

발행번호	발행일	적용기종	품명	발생수량	

발생 원인치	발생공정	업체명	도번	발행부서	발행자

발생 부서	■ 부적합 현상		제조처	☐ 사내　☐ 외주　☐ 혼류 ☐ 수입　☐ 사급　☐ 기타
			원재료	☐ 유상　☐ 무상 ☐ 직구매　☐ 기타
			담당	확인

판정부서	원인	☐ 가공　☐ 소재　☐ 취급　☐ 설변　☐ 설계　☐ 발주오류　☐ 기타		
	판정	☐ 합격　☐ 특채　☐ 수정　☐ 불량　☐ 기타		
	판정내용		담당	확인

조치부서	수정 및 개선			
	불량처리	☐ 교환　☐ 반송　☐ 변상　☐ 자체폐기　☐ 기타	담당	확인

결과확인	1차	결과 :　　　　　　　일자 :　　　　　확인자　　　(서명)		
	2차	■ 유효성 평가		
		결과 :　　　　　　　일자 :　　　　　확인자　　　(서명)		

EQP-0806-01　　　　　　　　　　　주식회사 이큐　　　　　　　　　　A4(210X297)

54. EQP-0806-02 부적합 관리대장

주식회사 이큐	부적합 관리대장	관리부서	
		PAGE	1/1

불량품 처리대장 ( )년 ( )월									
순	일자	기종	품명	품번	수량	결함분류	부적합내용	발생원인	기타

EQP-0806-02   주식회사 이큐   A4(210X297)

55. EQP-0806-03 특채 관리대장

주식회사 이큐	특채 관리대장	관리부서	
		PAGE	1/1

NO.	발행 번호	발생 일자	고객사	품명	품번	특채 신청 사유	특채 수량	결정 사항	처리 부서	승인자	승인일자

EQP-0806-03 　　　　　　　　　　주식회사 이큐 　　　　　　　　　　A4(210X297)

56. EQP-0901-01 (　)년 성과지표 관리대장

주식회사 이큐	(　)년 성과지표 관리대장	관리부서	
		PAGE	1/1

순번	성과지표 항목	측정 주기	주관 부서	목표 (계획)	추진실적												
					1	2	3	4	5	6	7	8	9	10	11	12	종합

EQP-0901-01 　　　　　　　　　　　　　주식회사 이큐 　　　　　　　　　　　　　A4(210X297)

57. EQP-0901-02 고객만족도 조사표

주식회사 이큐	고객만족도 조사표	관리부서	
		PAGE	1/1

회사명		작성일자	
근무부서		작성자	

1. 타사와 비교하여 당사 제품 혹은 서비스에 대하여 다음의 항목별로 귀사 및 귀하의 만족 정도를 기록하여 주십시오.
(귀하의 업무와 관련된 항목만 기록하셔도 됩니다)

항목	배점	만족도	주요경쟁사			비고	평점기준
품질	20						
납기	20						
가격	20						20 : 아주 만족
개발 대응력	20						17 : 대체로 만족 15 : 양호
서비스	20						10 : 불만족 5 : 개선 요망
합계	100						

2. 다음 중 당사 제품 및 서비스에 대해 귀하께서 가장 불만족스러운 항목(1개 이상)에 ○ 표시하여 주십시오.

품질		납기		가격		개발 대응력		서비스	
불량율		납기 준수도		품질대비 가격		신모델 개발력		친절성	
품질산포		긴급납기 대응		신속한 가격합의		개발 적기 대응		약속이행	
사고성 불량		소량납품		가격관리의 유연성		문제 해결 능력		연락의 용이성	
품질 향상도		포장상태		결정가격의 신뢰감		귀사 SPEC 대응력		요구사항 처리속도	

3. 귀하가 판단하시기에 당사에서 가장 시급하게 개선해야 할 점이 무엇인지 구체적으로 기술하여 주십시오.

_____

_____

_____

_____

＊ 조사에 응하여 주셔서 대단히 감사합니다.

EQP-0901-02 　　　　　　　　　 주식회사 이큐 　　　　　　　　　 A4(210X297)

58. EQP-0901-03 고객만족도 평가표

주식회사 이큐	고객만족도 평가표	관리부서	
		PAGE	1/1

회사명		작성일자	
근무부서		작성자	

1. 항목별만족도

항목	배점	만족도	주요경쟁사			평점기준
품질	20					
납기	20					
가격	20					
개발 대응력	20					
서비스	20					
합계	100					

2. 불만사항 발생건수

품질		납기		가격		개발 대응력		서비스	
불량율		납기 준수도		품질대비 가격		신모델 개발력		친절성	
품질산포		긴급납기 대응		신속한 가격합의		개발 적기 대응		약속이행	
사고성 불량		소량납품		가격관리의 유연성		문제 해결 능력		연락의 용이성	
품질 향상도		포장상태		결정가격의 신뢰감		귀사 SPEC 대응력		요구사항 처리속도	

3. 기타의견

_____
_____
_____
_____
_____

59. EQP-0902-01 (   )년 내부심사 계획서

주식회사 이큐	( )년 내부심사 계획서	담당	부서장	임원	사장
		/	/	/	/

작성일자 :

감사구분	대상부서	1월	2월	3월	4월	5월	6월	7월	8월	9월	10월	11월	12월	비고
□ 정기 □ 특별														
□ 정기 □ 특별														
□ 정기 □ 특별														
□ 정기 □ 특별														
□ 정기 □ 특별														
□ 정기 □ 특별														
□ 정기 □ 특별														
□ 정기 □ 특별														
□ 정기 □ 특별														
□ 정기 □ 특별														
□ 정기 □ 특별														
□ 정기 □ 특별														
□ 정기 □ 특별														

EQP-0902-01   주식회사 이큐   A4(210X297)

60. EQP-0902-02 내부심사 실시계획 통보서

주식회사 이큐	내부심사 실시계획 통보서	담당	부서장	임원	대표
		/	/	/	/

작성일자 :

심사구분	☐ 정기심사 ☐ 특별심사				
심사목적 및 범위	가. 목 적 :				
	나. 범 위 :				
부서별 심사부서 구성	구 분				
	심사일자				
	심사부서장				
	심사요원				
	＊ 내부심사요원 양성과정 교육 이수자 중심으로 감사부서 구성				
심사일정 및 심사항목					
특기사항					
붙임					

61. EQP-0902-03 내부심사 체크리스트

주식회사 이큐	내부심사 체크리스트	결재	심사원	심사팀장
			/	/

심사부서 :   작성일자 :

문서번호 (절차서번호)	점검항목	관련기록	특기사항

62. EQP-0902-04 내부심사 결과 보고서

주식회사 이큐	내부심사 결과 보고서	담당	부서장	임원	대표
		/	/	/	/

심사기간 :   작성일자 :

심사구분	☐ 정기심사 ☐ 특별심사		
심사목적 및 범위	가. 목 적 :		
	나. 범 위 :		
심사대상 부서 및 장소			
심사부서 구성			
심사 일정			
주요 심사내용			
심사 결과			
특기사항			

63. QP-0902-05 자격인증 평가표

주식회사 이큐	자격인증 평가표	작 성	검 토	승 인
		/	/	/

자격 인증 종목	□검사원 ■내부심사원 □특수작업자 □ 설계자			
신청대상자	소 속	관리부	직 위	대표
	성 명	박종선	기 타	
자격 구분		자격인증기준		검토결과
검사원	학 력	고졸이상		
	경 력	품질관리 또는 검사업무경력 2년 이상 (타사포함)		
내부심사원	학 력	고졸이상		적합
	경 력	당사근무 4년 이상의 관리직 또는 품질 및 관리 분야 경력 3년 이상(타사포함)		적합
특수작업자 (용접)	학 력	고졸이상		
	경 력	당사근무 2년 이상의 작업자 또는 용접작업 경력 3년 이상(타사포함)		
설계자	학 력	고졸이상		
	경 력	당사 설계부 근무 1년 이상의 관리직 또는 설계분야 경력 2년 이상(타사포함)		

특기사항 :

위사람은 자격인증 기준에 따라 평가 결과 자격 인증 기준에(■적합, □부적합) 합니다.

년   월   일

평가자 : (소속)   (성명)   (인)

64. EQP-0902-06 (내부심사원)자격인증서

주식회사 이큐	(내부심사원)자격인증서	관리부서	
		PAGE	1/1

해당부문	내부심사원	관리번호	
성 명		최종학력	

자격사항

1. 해당 자격요건

2. 근무경력

구 분	근무부서	근속기간
당 사		
타기관		

3. 교육이수사항

교육명	교육기간	교육시행기관

4. 자격, 면허

종류 및 등급	취득일자	발급기관

작 성	작성일자 : 년 월 일 작성자 : (인)	검토 및 승인	작성일자 : 년 월 일 작성자 : (인)

EQP-0902-06 　　　　　　　　주식회사 이큐 　　　　　　　　A4(210X297)

65. EQP-0902-07 자격인증 관리대장

주식회사 이큐	자격인증 관리대장	관리부서	
		PAGE	1/1

NO.	소속 및 성명	자격승인일	자격인증종목	인증번호	유효기간	비 고
1						
2						
3						
4						
5						
6						
7						
8						
9						
10						
11						
12						
13						
14						
15						
16						
17						
18						
19						
20						

EQP-0902-07   주식회사 이큐   A4(210X297)

66. EQP-0903-01 경영검토 보고서

주식회사 이큐	경영검토 보고서	작성	검토	승인
		/	/	/

검토일자 :   PAGE   (1/2)

검토항목		입력사항 (보고 요약)	비고(첨부)
이전 경영검토에 따른 조치의 상태			
품질 경영시스템 변경사항	외부 및 내부 이슈의 변경사항		
	이해관계자 요구사항 기대의 변경		
	중대한 품질측면 변경사항		
	리스크와 기회의 변경사항		
품질 경영시스템의 성과 및 효과성	고객만족 이해관계자 피드백		
	품질목표 달성 정도		
	제품 및 서비스의 적합성		
	부적합 및 시정조치		
	모니터링 및 측정결과		
	심사결과 (내부,고객,인증기관)		
	외부협력업체의 성과		
자원의 충족성			
리스크와 기회를 다루기 위하 여 취해진 조치의 효과성			
개선기회			

출 력 항 목		출력사항(결정사항)
경영검토 출력사항 (결정 및 조치사항)	개선기회	
	품질경영시스템 변경에 대한 필요성	
	자원의 필요성	
	품질 목표 미달성 조치사항	
	기타 조직의 전략적 방향 및 대표 지시사항	
최종결론 : 품질경영시스템의 적절성, 충족성, 효과성, 정렬성 평가 □ 만 족 : □ 불만족 :		

67. EQP-1001-01 개선 추진 실적 보고서

주식회사 이큐	개선 추진 실적 보고서	작성	검토	승인
		/	/	/

개선대상		활동기간	
개선항목		작성자	

문제점	개선내용	효과내용

개선 전	개선 후

절감금액	

68. EQP-1001-02 시정조치 요구서

주식회사 이큐	시정조치 요구서	관리부서	
		PAGE	1/1

요구서번호		발행일자	
처리부서		조치요구일자	

제목		(발행근거 :)

부적합 사항 (시정조치 요구사항)

	발행		
결재	작성	검토	승인
	/	/	/

□ 첨 부 :

시정조치 결과

1. 부적합 원인

2. 시정내용

3. 재발방지 대책

조치자 : 부서　　　　직책　　　　성명　　　　　　　　　　□ 첨　부 :
조치일자 :

조치결과 확인

확인자 : 부서　　　　직책　　　　성명　　　　　　　　　　□ 적 합　　□ 부적합
확인일자 :

유효성 결과

□ 확인일자 :
□ 대상기간 :　　　　.　　　.　　　-　　　　.　　　.
□ 첨　부 :

	확 인(승인)		
결재	작성	검토	승인
	/	/	/

69. EQP-1001-03 시정조치 관리대장

주식회사 이큐	시정조치 관리대장		관리부서	
			PAGE	1/1

발행번호	발행일자	제 목	시정조치요구사항(요약)	완료 요구일	완료일	조치부서	효과성 검증일

EQP-1001-03 　　　　　　　　　　　　주식회사 이큐 　　　　　　　　　　　　A4(210X297)

70. EQP-1001-04 개선 추진계획서

주식회사 이큐	개선 추진계획서	작성	검토	승인
		/	/	/

요구서번호		발행일자	
처리부서		조치요구일자	

단계	일정 / 항목	( )년												담당자	비고
		1월	2월	3월	4월	5월	6월	7월	8월	9월	10월	11월	12월		
계획	현상파악														
	원인분석														
	목표설정														
실시	대책수립														
	대책실시														
확인	효과파악														
조치	표준화														
	사후관리														
피드백	반성														
	향후계획														

현상파악	원인분석

- 세부 실천 계획

NO	실천항목	요구투자비	담당자	예정일	완료일	비고
1						
2						
3						
4						
5						

EQP-1001-04   주식회사 이큐   A4(210X297)

[부록 1] ISO 경영시스템 인증 프로세스

해당 프로세스	추진담당	프로세스 설명	비 고
경영시스템 구축 기획 ⋮	TFT	1. 해당 조직의 핵심 프로세스 및 절차서, 지침서 등을 결정 (핵심 프로세스는 KPI를 결정) 2. 추진 계획수립-해당 부서별 업무 분장 (추진기간, 소요예산 포함) 3. 필요시 컨설팅/자문기관 선정	ISO 표준 TFT 업무분장표 공정도
요건 및 실무조건 ⋮	TFT Leader	1. 전체 직원/핵심 인원에 대한 교육-품질경영시스템 구축에 대한 선언적 개념/표준에 대한교육 · ISO 요구사항, 경영시스템의 필요성, 내부 심사원 과정 등	교육계획서, 교육일지/ 수료증
추진 세부계획 수립 ⋮	해당부서장 /TFT	추진세부계획 및 일정수립 및 담당 결정/업무분담 · 조직의 규모에 따라 문서화의 정도가 달라질 수 있음	세부계획서
추진실무 ⋮	해당부서	1. 문서화-Manual, Process, 절차서(Procedure), 지침서/수칙 및 표준류/기준서, 기록 등 · 매뉴얼 : 문서목록, 프로세스 맵, 비즈니스 맵, 인증범위, 조직도, ISO 요구사항 · 프로세스 : 핵심문서로 성과지표를 결정 (6~12개 정도가 일반적임) · 절차서 : 해당 프로세스에 속하여 각 프로세스 당 1~4개가 될 수 있으며 더 많은 절차서도 가능하다. · 지침서 : 조직의 필요에 따라 정해지는 하위문서 · 표준류/기준서 · 기록물 : 경영시스템에서 요구되는 증거물	매뉴얼, 프로세스, 절차서, 시침서, 표준류/기준서 양식 파일
내부심사 실시 ⋮	내부심사원	업무가 프로세스나 절차서에 규정된 대로 진행되는지 여부를 점검하고 시정조치를 실시하는 행위	내부심사원 적격성 평가, 내부심사 계획서 내부심사 보고서
경영검토 실시 ⋮	해당부서장	회사의 경영을 위한 계획, 성과 등을 평가	경영검토 입출력 사항 등
심사신청/ 심사	추진부서	이큐인증원(주)에 인증심사를 신청하여 평가를 받음	인증서

참고문헌

ISO 9001:2015 품질경영시스템 요구사항
ISO 9000:2015 품질경영시스템-기본사항 및 용어
ISO 9004:2018 품질경영-조직의 품질-지속적 성공 가이던스

<Web Site>
www.iso.org

저자소개

송형록

현) 이큐인증원(주)대표이사(ISO 경영시스템 인증기관 : KAB 인정)
현) DWC아카데미 대표(ISO심사원 양성교육기관 : Exemplar Global 인정)
현) ISO 국제심사원(9001/14001/27001/27701/45001/22000/37001/13485/22301)
현) 디스플레이웍스(주) 대표이사
전) 경희사이버대학교 겸임교수
전) 경민대학교 강사

ISO 인증기관 : 이큐인증원(주)
E-mail : eqcertiso@gmail.com
홈페이지 : www.eqcert.co.kr

김상일

현) 주식회사 젠젠에이아이 COO/CISO
현) 이큐인증원 ISO 선임심사원
현) ISO 국제심사원(9001/14001/45001/27001/22301/37001)
세종대 경영학 박사(Business Analysis, BlockChain, 암호화폐
E-mail : gabriel0221@gmail.com

중소기업 ISO 경영시스템 담당자를 위한
품질경영시스템 길라잡이

ISO 9001 품질경영시스템 구축 실무 GUIDE

1판 1쇄 발행 2023년 5월 25일

저자 송형록 · 김상일

발행인 이 병 덕

디자인 이 은 경

발행처 도서출판 정일

등록날짜 1989년 8월 25일

등록번호 제3-261호

주소 경기도 파주시 가람로 70 상가 106호

전화   031) 946-9152(대)

팩스   031) 946-9153

E-mail jungilb@naver.com